Shivas
Geheimnis

Vinod Verma

Shivas Geheimnis

Das ayurvedische Heilwissen für
Gesundheit und Verjüngung

Aus dem Englischen von
Christine Bendner

nymphenburger

Die in diesem Buch enthaltenen Informationen dienen ausschließlich zu Bildungszwecken. Die beschriebenen Hausmittel sollen keinesfalls ärztlichen Rat ersetzen. Die Autorin und der Verlag übernehmen keinerlei Verantwortung oder Haftung in Bezug auf medizinische Wirkungen oder Ansprüche bezüglich solcher Wirkungen im Zusammenhang mit dem in diesem Buch veröffentlichten Material. Die gewerbliche Nutzung der in diesem Buch beschriebenen Anwendungen und Hausmittel bedarf des Einverständnisses der Autorin.

Für weitere Informationen wenden Sie sich bitte an die Autorin unter www.ayurvedavv.com oder den Verlag www.nymphenburger-verlag.de.

© 2009 nymphenburger
in der F. A. Herbig Verlagsbuchhandlung GmbH, München.
Alle Rechte vorbehalten.
Schutzumschlag: Atelier Sanna, München
unter Verwendung eines Motivs von Corbis
Innengestaltung: Wolfgang Heinzel
Fotos innen: Seite 1: Corbis, Seite 25: Bruno Baumann,
alle anderen Abbildungen Archiv Vinod Verma
Gesetzt aus der Eidetic Neo 11/13,75 pt
Druck und Binden: Offizin Andersen Nexö, Leipzig
Printed in Germany
ISBN 978-3-485-01184-6

INHALT

Vorwort 7

Kapitel 1
Shiva – als Weltverehrter und Heilender 10

Kapitel 2
Shiva – als Held der Mythen 22

Kapitel 3
Shiva – als Herrscher über die Zeit 44

Kapitel 4
Shiva – als Schöpfer der heilenden Kräfte 60

Kapitel 5
Shiva – als schneller Helfer in der Not 76

Kapitel 6
Shiva – als Herr über Leben und Tod 90

**Widmung und Dank 108 · Bücher der Autorin 109
Adressen 110 · Register 111**

VORWORT

In den alten Schriften Indiens wird die Entstehung des Kosmos als die Verschmelzung zweier Urkräfte beschrieben: der unwandelbaren Urenergie Shiva mit ihrem dynamischen Gegenpol, der kosmischen Ursubstanz Shakti. Daraus entstand die sichtbare Welt mit ihrer Vielfalt an Formen, Farben und Klängen.

Der Kosmos ist ein großes Ganzes, in dem alles mit allem verbunden und somit voneinander abhängig ist. In diesem Universum, in dem alles Belebte und Unbelebte auf unterschiedlichen Energieebenen schwingt, sind alle Dinge ständigen Wandlungsprozessen unterworfen.

Durch unseren modernen Lebensstil und die künstlichen Lebensräume, die wir Menschen uns geschaffen haben, entfernen wir uns immer weiter von der Natur und verlieren unser Wissen über die natürlichen Abläufe und ein Leben in Harmonie mit der Natur.

Wir fühlen uns unwohl oder werden krank, wenn wir nicht mehr in Einklang mit den kosmischen Energien sind. Dann entwickelt sich in unserem Organismus ein Energiesystem, das sich im Widerstreit mit dem großen Ganzen befindet.

Deshalb ist es gerade in unserer heutigen Zeit wichtig, durch die Weitergabe des alten überlieferten Wissens wieder einen Anstoß zu geben, zum Rhythmus der Natur zurückzufinden, um Gesundheit, Wohlbefinden und ein langes Leben zu erreichen.

Nach Ansicht des großen ayurvedischen Lehrers Charaka, der im sechsten Jahrhundert vor Christus lebte, entstehen all unsere Probleme durch geistige Fehlhaltungen, aus einem Mangel an Wissen, Standhaftigkeit und Zurückhaltung.

☛ Wissen ist in diesem Zusammenhang der Schlüssel, denn im Hinblick auf unsere Gesundheit machen wir im täglichen Leben, beispielsweise bei der Ernährung, viele Fehler aufgrund von Unwissenheit.

☛ Wir müssen uns auch auf der geistigen Ebene bemühen, ein gewisses Maß an Zurückhaltung und Selbstbeherrschung zu entwickeln, damit wir nicht ständig Dinge tun, die unserer Gesundheit schaden.

☛ Der dritte wichtige Punkt ist das Erinnern: Die Menschen haben vergessen, so zu leben und zu essen, wie es eigentlich gut für sie wäre, weil ihnen das dafür notwendige Wissen abhandengekommen ist. Bei der Fülle an verschiedensten Theorien und Meinungen zu einer gesunden Lebensweise wissen sie am Ende gar nicht mehr, was richtig und was falsch ist, und geben irgendwann einfach auf, anstatt auf sich selbst, auf ihren Körper und ihr inneres Wissen zu vertrauen.

Das Hauptanliegen von »Shivas Geheimnis« ist es, Ihnen das uralte Wissen einer natürlichen Lebensweise im Einklang mit Raum und Zeit wieder in Erinnerung zu rufen und anhand praktischer Beispiele zu zeigen, wie es im Alltag gelebt werden kann. Die vielen Ratschläge ermöglichen Ihnen, Körper und Geist zu stärken, um Krankheiten vorzubeugen. Außerdem finden Sie hier auch einige Rezepte für Hausmittel gegen kleinere Unpässlichkeiten. In Verbindung mit Shivas Kräften werden Sie hoffentlich motiviert und ermutigt, »in Ihre Gesundheit zu investieren«, damit Sie lange Zeit in physischer und geistiger Gesundheit leben können.

Ihre Vinod Verma

KAPITEL 1

SHIVA

ALS WELTVEREHRTER UND HEILENDER

Das Sanskritwort »Shiva« bedeutet »segensreich«, »günstig«, »bei guter Gesundheit oder in gutem Zustand«, »glücklich«, »blühend«. Shiva ist der Name einer der höchsten Gottheiten im Hindu-Pantheon und ein Symbol für unsere Vorstellung von Zeit. Er selbst steht jedoch über der Zeit und wird daher auch Mahakala genannt. Als Mahakala sorgt er für die Auflösung der Welt am Ende eines jeden Zeitalters, existiert selbst jedoch jenseits der Auflösung.

In seiner personifizierten Gestalt spielt Shiva eine wichtige Rolle in der Lehre zur Entstehung der Welt und des Weltalls. Er symbolisiert die kosmische Urenergie oder Urseele jenseits aller sichtbaren Form und Erscheinung. Indem man diese Energie mit Shiva als Person darstellte, hoffte man, sie auch besser begreifen zu können. Diese

Energie kann man weder sehen noch fühlen, dennoch ist sie in jedem winzigsten Teilchen der materiellen Welt präsent. Der Kosmos und somit das gesamte Sein kann ohne diese Energie nicht existieren.
In einem alten Text, der Kena-Upanishad, wird das sehr schön ausgedrückt:

> *Das, was Worte nicht ausdrücken können,*
> *aber durch das Worte gesprochen werden.*
> *Das, was das Denken nicht erfassen kann,*
> *aber durch das Gedanken gedacht werden.*
> *Das, was das Sehen nicht sehen kann,*
> *aber durch das das Sehen sieht.*
> *Das, was das Hören nicht hören kann,*
> *aber durch das das Hören hört.*
> *Das, was der Atem nicht atmen kann,*
> *aber durch das das Atmen atmet.*
> *Das ist in Wahrheit das Unermessliche,*
> *und nicht das, was hier verehrt wird.*

Dennoch ist es in der vedischen Tradition nicht so, dass Gott der Allmächtige allein männlich ist. In der sichtbaren oder materiellen Welt ist Shiva untrennbar mit Shakti verbunden, seiner weiblichen Kraft, ohne die nichts existieren kann. Während Shiva das transzendente kosmische Bewusstsein verkörpert, repräsentiert

Shakti die Urmaterie oder die kosmische Substanz. Die sichtbare Welt kann nur entstehen, wenn diese beiden Urkräfte miteinander verschmelzen.

Shiva ist reine Energie und Shakti ist das Vehikel oder Medium für die materielle Manifestation dieser Energie. Shakti kann nicht für sich allein existieren, weil sie unbelebt ist. Doch auch Shiva, die kosmische Energie, ist allein nicht existenzfähig, denn er braucht ein Gefäß oder Vehikel, um sich zu manifestieren. Deshalb ist die Schöpfung nur durch die Vereinigung von kosmischer Energie und kosmischer Substanz möglich. Trennen sich diese beiden Urkräfte, löst sich der Kosmos auf.

In uns Menschen existieren Shakti und Shiva als Körper und Seele. Shakti ist die physische Gestalt und Shiva ist jene Kraft, die diesen physischen Körper belebt. Wenn die Urenergie des Daseins, die Seele, den physischen Körper verlässt, tritt der körperliche Tod ein. Der menschliche Geist oder Intellekt kann nur so lange funktionieren, wie die Seele den Körper belebt. So wie sich der gesamte Kosmos durch die Trennung von Shiva und Shakti auflösen würde, endet das physische Leben, wenn Shiva, der »Herrscher über die Zeit«, den Körper verlässt.

Mantra für Gesundheit und ein langes Leben

Ein Mantra bezeichnet eine meist kurze, formelhafte Wortfolge, die immer wiederholt wird. Durch das Wiederholen entsteht eine

besondere Kraft und eine ganzheitliche Verbindung, die über die gesprochenen Worte hinausreichen.
Shiva wird in Indien mit einem besonderen Mantra, dem Mahamritanjaya-Mantra, verehrt, um Gesundheit und ein langes Leben zu erreichen. Mahamritanjaya bedeutet wörtlich »Großes Mantra zur Überwindung des Todes«. Dieses Mantra lautet wie folgt:

> *Triambakam Yajamahe Sugadhim Pushtivardhanam,*
> *Urbarukmiv Bandhanat, Mrityurmokshiye Mamritat.*
>
> *O Dreiäugiger (Shiva)! Wir meditieren über deinen*
> *süßen Duft, der uns Wachstum, Nahrung und Dauer*
> *beschert. So wie die Gurke erst vom Stängel fällt, wenn*
> *sie reif ist, so erbitte ich ewiges Leben und Befreiung*
> *vom Tod.*

Der tiefere Sinn dieses Mantras ist, dass man um ein gesundes Leben bittet und darum, keinen vorzeitigen Tod zu erleiden. Nach einem Tod in hohem Alter kann die Freiheit vom Kreislauf von Geburt und Tod (*moksha*) erlangt werden. Das ist mit »ewigem Leben« gemeint. Wenn die Seele diesen Zustand erreicht, wird sie Teil des von Shiva symbolisierten kosmischen All-Bewusstseins. Dies bedeutet, dass sie nicht noch einmal in diese Welt hineingeboren wird, in der es Krankheit und Tod gibt.

Die Rezitation des Mantras

Dieses Mantra für Gesundheit und ein langes Leben wird immer wieder rezitiert, d.h. entweder laut oder leise gesprochen oder auch nur in Gedanken wiederholt. Hilfreich ist dabei eine Gebetskette, eine *mala*. Ihre Perlen werden normalerweise aus Sandelholz oder aus dem Holz des Tulsi-Baumes hergestellt. Es gibt aber auch Gebetsketten aus Silber, Bergkristall, einigen anderen Halbedelsteinen oder aus besonderen Samen[1]. Eine Gebetskette besteht immer aus 108 Perlen. Diese Zahl repräsentiert die Entfernung der Sonne von der Erde. Der Durchmesser der Sonne ist etwa 108-mal so groß wie der Erddurchmesser und die durchschnittliche Entfernung zwischen Sonne und Erde entspricht etwa dem 108-fachen Durchmesser der Sonne.

Um mit der Mantra-Rezitation die bestmögliche Wirkung zu erzielen, spricht man bei jeder Perle das gesamte Mantra, wenn möglich einmal morgens und einmal abends. Das bedeutet, dass Sie das Mantra zweimal täglich 108-mal wiederholen. Sie konzentrieren sich beim Rezitieren auf den Klang des Mantras. Diese Praxis setzt eine gewisse Beharrlichkeit beim Üben voraus, doch ist sie erforderlich, um die richtige Konzentration aufzubringen und von der Kraft des Mantras zu profitieren.

---

[1] Diese Samen nennt man Rudraksha, das bedeutet Rudra oder Shivas Auge. Der Baum wird auch Rudraksha-Baum genannt. Eine Gebetskette oder Mala aus Rudraksha-Perlen wird hauptsächlich bei Ritualen zur Verehrung Shivas verwendet.

Die Früchte sind Gesundheit und ein langes Leben und es heißt, dass ein Mensch, der dieses Mantra regelmäßig praktiziert, keinen vorzeitigen Tod erleiden wird. Kranke Menschen können das Mantra rezitieren, um eine rasche Genesung zu erreichen.

Die Entgiftung des Körpers

Einer der vielen Namen Shivas ist »Neelkanth«, was so viel wie »der mit dem blauen Hals« bedeutet. Als Gottheit wird Shiva mit klaren Gesichtszügen dargestellt und seine Haut wird als »weiß wie Kampfer« beschrieben. Es heißt, Shivas Hals habe sich blau verfärbt, als er alle Gifte in sich aufnahm, die bei der Schöpfung des Kosmos entstanden waren. Er wird daher als jene Gottheit verehrt, die alle giftigen Stoffe beseitigt, die sich als körperliche Beschwerden und Krankheiten manifestieren.

Als Menschen sind wir mit den kosmischen Gesetzen verbunden. In unserer menschlichen Gestalt verkörpern wir einen Mikrokosmos der Vereinigung von Urenergie und Ursubstanz. Der physische Körper ist Shakti, der von Shiva, der Seele, am Leben gehalten wird. Daher liegt es in unserer Verantwortung, mithilfe verschiedener Pflanzen oder pflanzlicher Präparate für eine gründliche Entgiftung unseres Körpers zu sorgen, um die toxischen Stoffe zu beseitigen, die wir durch unseren Lebensstil ansammeln.

Innerlich rein zu bleiben ist unsere größte Verpflichtung gegenüber unserem Körper. Die meisten Krankheiten entstehen durch

Giftstoffe, die wir durch falsche Lebensweise und Ernährung im Körper ansammeln. Mit unseren Nahrungsmitteln nehmen wir Pestizide, künstliche Aromen und Farbstoffe, Konservierungsmittel, Kunstdünger und vieles mehr zu uns. Außerdem sammeln sich Giftstoffe in unserem Körper an, weil wir nicht im Einklang mit den natürlichen Rhythmen leben und uns oft kaum Gedanken darüber machen, was wir essen und trinken.

Das hat Auswirkungen auf die natürlichen Ausscheidungsprozesse und führt zu einer schleichenden Vergiftung. Deshalb ist es wirklich sehr wichtig, dass wir uns bemühen, die Toxine in unserem Körper zu beseitigen und mithilfe von blutreinigenden Pflanzen innerlich zu entschlacken. Giftstoffe im Körper stellen eine Abweichung vom natürlichen Zustand dar und stören eine ganze Reihe von Körperfunktionen. Auch unsere Sinnesorgane werden schließlich davon in Mitleidenschaft gezogen. Ignoriert man diese Entwicklung über einen langen Zeitraum, kann sich eine lebensbedroh- liche Krankheit entwickeln. Ergreifen Sie folgende Maßnahmen, um eine Ansammlung von Giftstoffen im Körper zu verhindern:

- Vergessen Sie nie, morgens nach dem Aufstehen heißes Wasser zu trinken.
- Achten Sie auf regelmäßigen Stuhlgang (mindestens einmal am Tag, zweimal ist ideal).
- Nehmen Sie das Abendessen mindestens zwei Stunden vor dem Schlafengehen zu sich und trinken Sie direkt vor dem Zubettgehen noch ein Glas heißes Wasser.

🍂 Nehmen Sie bei Hautausschlag oder Bläschen im Mund, brennenden Empfindungen, Unwohlsein durch Hitze, übermäßiger Transpiration und unangenehmem Körpergeruch abends ein mildes Abführmittel (siehe Seite 62) ein, damit sich der Organismus am nächsten Tag selbst reinigen kann.

🍂 Nehmen Sie blutreinigende Pflanzen und Gewürze wie Kurkuma, Kressesamen, Bockshornkleesamen, Süßholz und Basilikumblätter in Ihren Speiseplan auf.

🍂 Machen Sie zweimal im Jahr, im Frühling und Herbst, eine Blutreinigungskur, indem Sie zwei Wochen lang täglich ½ TL der unten beschriebenen Pflanzenmischung zu sich nehmen. Sie können sie zu jeder Tageszeit mit etwas warmem Wasser einnehmen.

Blutreinigungsmittel

Folgende Zutaten werden gewaschen, getrocknet, gemahlen und vermischt:

10 g	Kressesamen
10 g	Bockshornkleesamen
10 g	Basilikumblätter
10 g	Kalonji (auch schwarzer Kumin genannt)
10 g	Ajwain oder Thymian
10 g	Wermut
30 g	Süßholz

Gebete, die helfen und heilen

Der Name Shiva steht auch für Schönheit, Donnerhall, Klang, Schwingung und Tanz. In der Rigveda finden wir für Shiva den Namen »Rudra«, was so viel wie »der Leuchtende« oder »der Strahlende« bedeutet. Auch wird er dort als segensreiche Gottheit beschrieben, die hilft und heilt und die in Gebeten angerufen wird:

Wir beten zu Rudra, dem Herrn, für Frieden und Glück.
Er ist der Weise und der Große Heiler.
Wir beten zu Rudra, dem Herrn, für die Gesundheit und Vitalität aller Lebewesen und dafür, dass alle Zweibeiner und Vierbeiner in Frieden leben mögen.
O Rudra, du hast Tausende von Heilmitteln, bitte lass unsere Kinder nicht schwach und krank werden. [2]

An anderer Stelle lesen wir folgendes Gebet:

Rudra ist derjenige, der sich in Form verschiedener medizinischer Pflanzen manifestiert, um die Menschen vom Elend ihrer Leiden zu befreien. Er ist das Lebendige in allen Lebewesen. Wir beten zu ihm, damit er all unsere Unausgewogenheiten beseitigt und unsere Wünsche erfüllt.

---

[2] Rigveda, 1, 43,4 und 114,1; VII, 46,3

O ihr Heilmittel, so wie Shiva Gift trank, um den Wesen auf dieser Erde zu helfen und zum Neelakanth wurde, so schenkt ihr der Menschheit Frieden, indem ihr sie von ihren Leiden und Unausgewogenheiten befreit. [3]

SCHÖNHEIT UND EIN LANGES LEBEN

Shiva und Shakti haben diesen wunderbaren Kosmos geschaffen und wir Menschen sind dafür verantwortlich, gut für unseren Körper zu sorgen, ihn gesund zu erhalten und alles für eine positive Ausstrahlung zu tun. Die folgende einfache Ölbehandlung, die Sie einmal pro Woche zu Hause durchführen können, verzögert Alterungsprozesse und trägt dazu bei, Ihre Attraktivität zu bewahren. Diese Anwendung hilft Ihnen auch, Ihren Körper anzunehmen und ungesunde Verhaltensweisen aufzugeben.

Das Sanskritwort *sneha* bedeutet »Zuneigung«. Beim Snehan wird der Körper über die Haut mit Öl genährt, um ihn geschmeidiger und kräftiger zu machen. Die regelmäßige Anwendung bis zur Sättigung der Haut ist ein ayurvedisches Geheimnis für Schönheit und ein langes Leben. Sie schenkt uns eine schimmernde, strahlende Haut, zögert die Faltenbildung hinaus, beseitigt kleinere Hautunreinheiten, kräftigt die Muskeln und Knochen und macht die Haut allgemein widerstandsfähiger.

---

[3] Neelrudra Upanishad I,1.

ÖLANWENDUNG GEGEN DAS ALTERN

Tragen Sie warmes Öl (Olivenöl, Kokosöl oder speziell zubereitetes Kräuteröl) systematisch auf den ganzen Körper auf. Reiben Sie das Öl kräftig ein, sodass es von der Haut gut aufgenommen wird. Massieren Sie Ihr Gesicht mit beiden Handflächen gleichzeitig.
Vergessen Sie auch nicht, die Kopfhaut gründlich zu massieren.
Auf das erste Einreiben folgen zwei weitere, um eine vollkommene Sättigung der Haut zu erreichen.
Zum Schluss können Sie überschüssiges Öl mit einem feuchten, warmen Handtuch entfernen.
Ruhen Sie sich danach aus und nehmen Sie dann ein ausgedehntes, heißes Bad mit ätherischen Ölen, das Sie zum Schwitzen bringt und verjüngend wirkt.
Ziehen Sie nach dem Bad einen Bademantel an und legen Sie sich sofort ins angewärmte Bett. Trinken Sie heißen Tee, den Sie zuvor aufgebrüht und bereitgestellt haben, um den durch das Schwitzen verursachten Wasserverlust auszugleichen.
Führen Sie diese Behandlung einmal pro Woche durch. Sie werden feststellen, dass Ihr Körper kräftiger und schöner wird und Ihr Geist zur Ruhe kommt. Die regelmäßige Anwendung steigert nicht nur Ihre Attraktivität, sondern ist auch eine gute »Investition« für das Alter.

KAPITEL 2

SHIVA

ALS HELD DER MYTHEN

Über die Bedeutung Shivas erfahren wir viel in den alten indischen Schriften, den sogenannten *puranas*. Diese vermitteln uns mit ihrer Natursymbolik die tiefgründige Weisheit und das Wissen über die Entstehung der Welt und des Weltalls aus der Sicht verschiedener spiritueller Schulen des alten Indien. Durch diese Geschichten wurde auch dem Volk spirituelles Wissen nahegebracht, damit Letzteres nicht allein den Weisen und Gelehrten vorbehalten blieb. Liest und interpretiert man diese Geschichten allerdings, ohne die Symbolik zu verstehen, scheinen es einfach nur fantastische Begebenheiten zu sein, die von westlichen Gelehrten als indische Mythologie bezeichnet werden.

Shiva und Shakti

Bevor ich Ihnen nun eine Geschichte über Shiva und Shakti (oder Parvati, Girija) erzähle, jene beiden Urkräfte, die zusammen die Welt der Erscheinungen erschaffen, muss ich zunächst ein wenig die überlieferte kosmische Hierarchie erläutern. Prajapati war der Sohn Brahmas, jener Gottheit, die für die Gestaltung der Welt nach der Vereinigung der Urkräfte Shiva und Shakti verantwortlich ist. Dieser Prajapati sollte die Welt verwalten und regieren. Shivas Frau Sati[4] war Prajapatis Tochter. Einst hielt Prajapati ein großes Opferfest ab und lud alle Götter ein, außer seiner eigenen Tochter Sati und deren Ehemann Shiva. Sati wollte Shiva überreden, dennoch zu diesem Fest zu gehen, obwohl sie nicht eingeladen waren, doch Shiva weigerte sich und Sati beschloss, allein hinzugehen. Also gab ihr Shiva zum Schutz viele seiner Diener mit auf den Weg.

Als Sati zur großen Zeremonie in ihrem Elternhaus eintraf, machte sie ihrem Vater Vorwürfe. Sie sagte ihm, er habe einen großen Fehler gemacht, indem er Shiva, den Herrn der Götter, den Erhalter der Welt, der für das

---

[4] Das Wort Sati stammt von der Wurzel »Sat« ab, was so viel wie »Sein«, »Existenz«, »existent« oder »Realität« (der Welt der Erscheinungen) bedeutet. In manchen Sanskrittexten wird mit diesem Wort auch die »kosmische Materie« (Urmaterie) oder Prakriti bezeichnet.

Wohlergehen aller lebenden Wesen sorgt, nicht eingeladen hatte. Daraufhin beleidigte ihr Vater sie und gab ihr zu verstehen, dass Shiva es nicht wert sei, eingeladen zu werden, weil er so ein ungehobelter Kerl sei.

Prajapatis Bemerkungen kränkten Sati so tief, dass sie es nicht ertragen konnte. Sie beschloss, ihrem physischen Dasein ein Ende zu bereiten, und sprang in das Opferfeuer. Als Shiva die Nachricht vom Tode Satis erhielt, wurde er so zornig, dass aus seinem wütenden Atem Hunderte verschiedene Fieber und dreizehn verschiedene Krankheiten hervorgingen. Shivas mit besonderen Kräften ausgestattete Diener fielen über das Fest her und verwüsteten alles. Die Gäste flohen und Prajapati wurde getötet.

Prajapatis Vater Brahma (der Schöpfer) suchte Shiva am heiligen Berg Kailash auf und bat ihn um das Leben seines Sohnes. Shiva, der Gott der Götter, war bekannt für seine Milde und Großzügigkeit. Er tröstete Brahma und machte ihm klar, dass sein Sohn aufgrund seines eigenen Karmas getötet worden war. Jeder solle sich hüten, Karma zu schaffen, das Leid über andere bringe, denn wer andere verletze, werde selbst vom Leid eingeholt. Dennoch machte sich der großherzige Shiva auf den Weg zu Prajapatis Heimatort und erweckte ihn wieder zum Leben. Und Prajapati lernte seine Lektion.

Shivas Frau Sati wurde als Tochter des Himalaya wiedergeboren. Sie hieß nun Girija, Tochter des Berges, und Parvati, was dasselbe bedeutet. Um Shiva als ihren Ehemann zurückzugewinnen, unterzog sie sich einer strengen Yogadisziplin.

Der interessante Teil dieser Geschichte ist der auf Parvatis »Heiratsantrag« folgende Dialog zwischen Shiva und Parvati. Er erwidert, seine Sinnlichkeit sei erloschen und er lebe nun als Asket, worauf sie ihm klarmacht, dass die Welt ohne die weibliche kosmische Energie nicht existieren könne und sie deshalb ja ohnehin schon ein Teil von ihm sei. Diesem Argument kann sich Shiva nicht verschließen und so willigt er in die Heirat ein.

Betrachten wir uns einmal den tieferen Sinn hinter dieser Erzählung. In ihrem ersten Leben war Sati die Tochter Prajapatis. Dieser war der Verwalter der Welt und Sati nahm als seine Tochter in gewisser Hinsicht eine geringere Stellung ein. Das führte letztendlich zur Zerstörung der Existenz.
Das Ende Prajapatis, des »Lenkers der Welt«, zeigt uns, dass auch er nicht über dem Karma steht. Durch seine Überheblichkeit und seine Weigerung, in Einklang mit der Natur zu handeln, beschwor er seinen eigenen Untergang herauf.
In ihrem nächsten Leben war Sati die Tochter des Himalaya. Das ist ein symbolischer Hinweis darauf, dass die Natur ein völlig eigenständiger Organismus ist, den der Mensch weder beherrschen noch manipulieren oder ausbeuten darf.

> *Der Himalaya im Norden ist das kostbarste aller Juwelen, der König aller Gebirge. Hier spüren wir die Präsenz der kosmischen Energie in ihrer reinsten Form.*
> Kalidasa, indischer Dichter, 5. Jh.

Shivas Wohnsitz im Himalaya ist der Berg Kailash oder, anders ausgedrückt, Kailash ist Shiva in symbolischer Gestalt. Shiva repräsentiert die männliche Energie des Universums in Form eines Lingam oder Phallus und der Berg Kailash symbolisiert den Shivalingam. Während also Shiva das unvergängliche, unwandelbare kosmische Bewusstsein (Urenergie) repräsentiert, steht Parvati, die Tochter des Himalaya, für die weibliche Kraft oder kosmische Substanz (Urmaterie). Ohne die Verschmelzung dieser beiden Kräfte kann es keine materielle Welt geben.

Es heißt, Ayurveda sei so alt wie das Leben selbst. Als das Leben entstand, waren die Lebewesen von Anfang an mit Unpässlichkeiten, Unausgewogenheiten und Krankheiten konfrontiert, weil diese an ihr Karma gebunden sind, das durch ihre Handlungen entsteht. So wurde der Kreislauf von Ursache und Wirkung in Gang gesetzt. Daher geht man davon aus, dass das Leben und Ayurveda denselben zeitlichen Ursprung haben, was wiederum darauf hinweist, dass die Heilmethoden und Heilmittel mit der kosmischen Substanz in Verbindung stehen, die in der oben wiedergegebenen Legende als Parvati in Erscheinung tritt.

Zwei göttliche Söhne

Auch wenn Shiva und Parvati in menschlicher Gestalt dargestellt werden, sind sie natürlich nicht mit gewöhnlichen Menschen zu vergleichen. Parvatis Söhne entwickelten sich nicht in ihrem Leib,

sondern erblickten an anderen Orten in der Natur das Licht der Welt. Über die Geburt dieser beiden Söhne steht Folgendes geschrieben:

Nach der Vermählung Shivas mit der Tochter des Himalaya zogen sich die beiden auf den »Berg des betörenden Duftes« zurück, wo sie sich ausgiebig dem Liebesspiel hingaben. Zu jener Zeit lebte ein Dämon namens Tarkasur, den Brahma einst mit ewigem Leben gesegnet hatte. Brahma hatte Tarkasur zwar erklärt, dass dies eigentlich nicht möglich sei, weil jedes Lebewesen, das geboren wird, nach den Gesetzen der Welt irgendwann sterben muss, dennoch machte er ihn unverwundbar, sodass kein gewöhnlicher Sterblicher ihn töten konnte. Brahma erklärte ihm, dass nur ein Sohn Shivas dazu in der Lage sei.

Im Laufe der Zeit wurde Tarkasur immer grausamer und so warteten die Götter ungeduldig darauf, dass Shiva und Parvati einen Sohn bekämen, damit der zerstörerische Dämon getötet werden konnte. Der Feuergott Agni machte sich, als Bettler verkleidet, auf den Weg zu Shiva und Parvati und bat Parvati um ein Almosen. Weil Parvati gerade nichts anderes hatte als Shivas Samen, gab sie diesem Bettelmönch etwas davon ab. Nun mussten natürlich einige Umstände zusammentreffen, denn es war ganz unmöglich, diesen Samen in den Leib einer gewöhnlichen Sterblichen einzupflanzen, weil seine göttliche Energie jede Frau innerlich verbrannt hätte. Also beschloss man, den Samen dem Ganges zu übergeben. Nachdem er eine Weile flussabwärts getrieben war, verfing sich der Samen im dichten Ufergestrüpp und an diesem Ort kam Kartikay,

der erste Sohn Shivas, zur Welt. Die Götter setzten Shiva und Parvati von der Geburt in Kenntnis und so eilten beide dorthin, um ihren Sohn zu sich zu holen. Kartikay wuchs heran und als die Zeit gekommen war, tötete er den gefährlichen Dämon Tarkasur.

Der zweite Sohn von Shiva und Parvati erhielt den Namen Ganesha. Das kam so: Eines Tages wollte Parvati in einem See baden. Vor dem Bad formte sie die Statue eines kleinen Jungen und hauchte ihm Leben ein: Das war nun ihr Sohn. Sie trug dem Jungen auf, den Zugang zum See zu bewachen, während sie badete. Plötzlich tauchte Shiva auf und wollte seiner Gefährtin Gesellschaft leisten, doch der Junge erklärte, niemand dürfe diesen Bereich betreten, er habe den Auftrag, den Zugang zum See zu bewachen. Shiva bestand auf seinem Vorhaben, der Junge gab ebenfalls nicht nach. Shiva versuchte es mit all seiner Überredungskunst, denn er wollte den Jungen nicht verletzen, doch dieser forderte Shiva zum Zweikampf heraus. Zwischen den beiden entbrannte ein wilder Kampf und schließlich schlug Shiva dem Jungen den Kopf ab und verschaffte sich so Zugang zum See. Als er Parvati erzählte, was geschehen war, wurde sie von Schmerz überwältigt und erklärte ihm, dass er gerade seinen eigenen Sohn enthauptet hatte. Weil sie dem Jungen das Leben geschenkt hatte, war Shiva natürlich sein Vater.

Shiva bedauerte den Vorfall zutiefst und befahl seinen Dienern, nach dem Kopf des Jungen zu suchen, sodass er ihn wieder zum Leben erwecken könne. Doch der Kopf war durch Shivas kraftvollen Schlag so weit fortgeschleudert worden, dass die Diener ihn nicht finden konnten. Also trug Shiva ihnen auf, rasch den Kopf irgend-

eines Lebewesens herbeizuschaffen. Den Dienern lief als Erstes ein kleiner Elefant über den Weg und sie beschlossen, seinen Kopf Shiva zu bringen. Shiva fügte den Kopf mit dem Körper des Jungen zusammen und erweckte ihn zum Leben.

Parvati erklärte dem Jungen, dass Shiva ihr Mann und sein Vater sei. Shiva bat ihn um Verzeihung und lobte ihn für seine Tapferkeit. Um seine Tat wiedergutzumachen, segnete Shiva den Jungen und verlieh ihm einen besonderen Status: Weil er so tapfer gewesen war, machte ihn Shiva zum Herrn über all seine Diener und Krieger, die *ganas*, und deshalb erhielt der Junge den Namen Ganesha, was wörtlich »Herr über die Ganas« bedeutet. Dann segnete Shiva ihn ein weiteres Mal und machte ihn zur wichtigsten Gottheit, sodass vor jeder Zeremonie oder Andacht stets zuerst Ganesha verehrt werden musste. Dieser Brauch wird bis heute bei allen religiösen Zeremonien befolgt, ob es sich um eine Hochzeit, die rituelle Verehrung von Mutter Erde, ein Ritual für den Bau eines neuen Hauses oder andere festliche Anlässe handelt. Später wurde Ganesha auch für seinen scharfen Intellekt gerühmt, weshalb er besonders von den Intellektuellen verehrt wird. Er wird auch angerufen, wenn es gilt, im Alltag Hindernisse und Probleme zu überwinden.

Die Erzählungen über Shivas und Parvatis Leben im Himalaya vermitteln den Eindruck, dass die beiden in der gesamten Region zu Hause waren. Von Kaschmir bis Arunachal finden wir Hinweise auf ihre Präsenz und viele Orte, die mit ihren Aktivitäten in Verbindung gebracht werden. Wir sehen also, dass die Personifizierung der kosmischen Energien die Menschen lehren soll, den Wert ihrer

Umwelt zu erkennen, respektvoll mit der Natur umzugehen und nicht überheblich zu werden. Wir sind Teil der Natur und nicht ihre Herren.

> *Es ist überheblich zu glauben, die Menschen seien die Herren und Meister der niederen Lebewesen. Sie sind lediglich die Treuhänder des Tierreichs.*
>
> Mahatma Gandhi

Die wundersamen Heilpflanzen des Himalaya

Die Natur ist in sich vollkommen und führt Abweichungen stets in ein harmonisches Gleichgewicht zurück. Wenn es heiß ist, schenkt sie uns kühlendes Obst und Gemüse, in kalten Regionen lässt sie Nahrungsmittel wachsen, die uns wärmen. Sie hält auch eine Vielfalt an Pflanzen und Mineralstoffen bereit, mit denen wir Unausgewogenheiten unserer Körperenergien beseitigen und Krankheiten heilen können.

Ein einfaches Beispiel ist das Skorpiongras, das überall im Himalaya bis zu einer Höhe von 2000 Metern wächst. Schon als Kinder lernten wir, dass man, hatte man sich einmal daran verbrannt, nach dem in seiner Nähe wachsenden wilden Spinat Ausschau halten musste. Rieb man die brennende Stelle mit etwas wildem Spinat ein, verschwanden die Schmerzen sofort. Es ist allgemein bekannt, dass brennende und lindernde Pflanzen stets in unmittelbarer Nähe zueinander wachsen.

Tiere sind bei der Auswahl ihrer Nahrung sehr vorsichtig und essen immer »saisongerecht«. Menschen, die im Himalaya oder anderswo in der Natur leben, wissen genau, welches Futter sie ihren Tieren zu verschiedenen Jahreszeiten geben müssen. Wenn wir Menschen in die natürlichen Prozesse eingreifen, fällt das früher oder später auf uns zurück.

An Shivas Wohnsitz im Himalaya sind die Pfade verschlungen und steil, die Luft ist rein, der Himmel türkisblau. Nachts funkeln die Sterne und der Mond scheint so hell, dass er uns den Weg weisen kann.

Der Himalaya beherbergt eine reiche Flora und Fauna. Auf verschiedenen Höhen gedeiht eine Vielfalt von Pflanzen, die alle ihren besonderen Duft und ihr spezielles Aroma haben. Der Himalaya ist wie ein großes Buch und wenn man die Handschrift der Natur kennt, kann man darin lesen. Andernfalls sind all diese Schätze »bloß Berge und Felsen mit einer Menge Gras und Bäumen«.

Ich möchte Ihnen im Folgenden einige Pflanzen und Substanzen vorstellen, die Ihnen einen Eindruck von Shivas Himalaya vermitteln sollen. Es gibt dort Tausende von Heilpflanzen, die in zahlreichen ayurvedischen Präparaten Verwendung finden und sogar ins Ausland verschickt werden. Ich habe einige besondere Pflanzen ausgewählt, um Ihnen die Wunder des Himalaya nahezubringen. Allerdings sollten Sie bei der Selbstanwendung dieser Rezepte vorsichtig sein und einen ayurvedischen Arzt hinzuziehen. Anders als bei allen anderen in diesem Buch beschriebenen Rezepten basieren diese auf einer sehr genauen und präzisen Bestimmung, Do-

32

sierung und Anwendung, die in den Händen von Fachleuten besser aufgehoben sind, damit der kranke Mensch wirklich davon profitiert. Hier ist also Vorsicht geboten, ansonsten geht es in diesem Buch vorrangig um eine gesunde Lebensweise und einfache Hausmittel, also vor allem um Dinge, die Sie selbst unmittelbar in Ihrem Alltag umsetzen können.

Saalam – eine Wunderpflanze mit einer tatzenförmigen Wurzel

Auf Höhen zwischen 2500 und 3500 Metern gedeiht im Sommer eine erstaunliche Pflanze namens Saalam Panja (*Orchis latifolia*), die bis zu 90 cm hoch wird. Was auf den ersten Blick wie eine ganz gewöhnliche Zimmerpflanze mit lilafarbenen Blüten aussieht, hat es allerdings in sich. Ihre Wurzel, deren Form an die Tatze eines Tieres erinnert, wird beim Trocknen steinhart. Das daraus hergestellte Pulver wirkt wahre Wunder bei Nervenschwäche und geistiger Erschöpfung. Außerdem ist es ein ausgezeichnetes Stärkungsmittel für Frauen nach der Geburt eines Kindes, denn es kräftigt den gesamten Organismus, regeneriert die Unterleibsorgane und wirkt sexuell anregend. Bei Männern fördert das Präparat eine gesunde Samenproduktion. Aphrodisiaka für Männer und Frauen enthalten oft auch Saalam Panja.

Tagesdosis: 3 g bis 6 g der getrockneten, pulverisierten Wurzel.

Katuka – die Bittere

Beim Wandern im Himalaya sollte man achtgeben, worauf man tritt, denn manches, was wir vielleicht einfach als »irgendein Unkraut« betrachten, könnte sich als kostbares, lebensrettendes Kraut entpuppen, wie beispielsweise die Katuka (*Picrorhiza kurrora*). Diese kleine Pflanze, die nur etwa 20 cm hoch wird, hat eine außerordentlich bittere Wurzel, die sich daher hervorragend zur Behandlung von Funktionsstörungen der Leber, der Gallenblase und der Bauchspeicheldrüse eignet. Sie wirkt auch heilsam bei allen Arten von Verdauungsproblemen, indem sie das Verdauungsfeuer (in der ayurvedischen Lehre *agni* genannt) ins Gleichgewicht bringt. Falls Ihre Leber aufgrund einer früher durchgemachten Gelbsucht oder übermäßigem Alkoholgenuss geschwächt ist, ist Katuka das Mittel der Wahl. Außerdem ist diese Pflanze ein ausgezeichnetes Blutreinigungsmittel und wirkt regulierend auf die Körpertemperatur. In einem bestimmten Mischungsverhältnis mit Süßholz besitzt sie auch herzstärkende Eigenschaften.
Sie wächst auf Höhen zwischen 2500 und 4000 Metern.

Tagesdosis: 2 g bis 5 g der getrockneten, pulverisierten Wurzel.

Vanapushpi – die den Wald zum Blühen bringt

Im Monat Mai wird das Grün des Waldes durch viele Farbtupfer belebt – die weißen und rosafarbenen Blüten von Vanapushpi (*Podophyllum hexandrum*). Diese Pflanze, deren große Blätter an Papayablätter erinnern, wird nur etwa 50 cm hoch. Die Himalayabewohner nennen sie auch »Waldgurke«, weil ihre Frucht einer Gurke ähnelt. Vanapushpi gedeiht auf Höhen zwischen 3000 und 4000 Metern. Auch von dieser Pflanze verwendet man die Wurzel, die ebenfalls ziemlich bitter ist. Zu Heilzwecken nimmt man bevorzugt die Wurzeln älterer Pflanzen, die schon ein- oder zweimal geblüht haben. Neben ihrer heilsamen Wirkung auf die Leber und das Blut besitzt sie krebshemmende Eigenschaften.

Tagesdosis: Das Pulver aus der getrockneten Wurzel wirkt sehr stark. Die Tagesdosis sollte daher 250 mg nicht überschreiten. In der botanischen Literatur wird diese Pflanze als giftig beschrieben.

Chorak – Stärkungsmittel für Herz und Nerven

Chorak (*Angelica glauca*) ist ein kleiner Baum, der im Himalaya auf Höhen zwischen 2500 und 3200 Metern wächst und höchstens vier Meter hoch wird. Seine Blüten sind weiß bis lilafarben. Das Pulver aus der getrockneten Wurzel wird sowohl zum Würzen von Speisen als auch zu Heilzwecken verwendet. Es soll schlechte Energien vertreiben und Mäuse und Schlangen fernhalten. Wegen seines feinen Aromas gibt man es in kleinen Mengen ins Essen, außerdem findet es zusammen mit Guggul und anderen Pflanzen Verwendung in Räuchermischungen. Die Himalayabewohner sind überzeugt, dass sich Mäuse und Schlangen fernhalten, wenn man überall im Haus kleine Stücke der getrockneten Chorak-Wurzel verteilt. Aufgrund seiner antibiotischen Eigenschaften wird das Öl des Chorak-Baumes zur Behandlung von Wunden und kleineren Hautabschürfungen verwendet. Chorak wärmt den Körper und ein Aufguss aus der Wurzel wird traditionell bei erkältungsbedingtem Husten und Fieber verabreicht.

Seine hauptsächliche Wirkung besteht jedoch in einer Verbesserung der Leistungsfähigkeit des Gehirns im Hinblick auf Kreativität, Gedächtnis und Auffassungsgabe.

Tagesdosis: Zur allgemeinen Stärkung von Geist und Nerven sollte man täglich höchstens 1 g Wurzelpulver, vermischt mit etwas Ghee (Butterreinfett), einnehmen. Zur Behandlung von geistigen Störungen und Unruhezuständen kann allerdings die dreifache Dosis (bis zu 3 g) pro Tag verabreicht werden.

Shilajatu oder Shilajeet – eine geheimnisvolle Substanz

Auf Höhen zwischen 2000 und 5000 Metern bildet sich an manchen steilen Felshängen ein bräunlicher Belag, dem außergewöhnliche medizinische Eigenschaften zugeschrieben werden. Allgemein bekannt ist der verjüngende Effekt dieser Substanz, der auf ihre regenerierende Wirkung auf Herz und Nerven zurückgeführt wird. Das Mittel wird auch zur Behandlung von Blasenbeschwerden eingesetzt.

Shilajeet bildet sich im Sommer durch intensive Sonneneinstrahlung an Felswänden, die normalerweise schwer zugänglich sind. Daher ist es gar nicht so einfach, an dieses Heilmittel heranzukommen. Noch vor nicht allzu langer Zeit waren sich nicht einmal Wissenschaftler darüber einig, ob Shilajeet pflanzlichen oder mineralischen Ursprungs ist. Ein Forscher aus Varanasi hat nun kürzlich herausgefunden, dass dieser Belag auf den Felswänden aus einem Niederschlag von Pflanzenteilchen aus der unmittelbaren Umgebung entsteht.

Tagesdosis: Die Anfangsdosis von 125 mg kann allmählich bis auf 500 mg gesteigert werden. Es wird außerdem empfohlen, während einer Behandlung mit Shilajeet auf alle schwer verdaulichen Speisen und Alkohol zu verzichten.

Ativihsa oder Atees – Heilmittel für Kinder

An Shivas Wohnsitz im Himalaya wächst diese kleine Pflanze (*Aconitum heterophyllum*) auf Höhen zwischen 2000 und 4000 Metern. Sie wird höchstens knapp einen Meter hoch und blüht während des Monsuns mit leuchtend blauen Blüten. Man nennt sie auch »Heilmittel für Kinder«. Ihre weiße, knollenförmige Wurzel wirkt revitalisierend und bringt die Körperenergien *vata*, *pitta* und *kapha* ins Gleichgewicht. Darüber hinaus besitzt sie antibiotische Eigenschaften und ist ein hervorragendes Blutreinigungsmittel. In der Kinderheilkunde ist sie Bestandteil vieler Pflanzenpräparate gegen Husten, Fieber und Durchfall.

Tagesdosis: Erwachsene nehmen 500 mg bis 1,5 g des aus der getrockneten Wurzel hergestellten Pulvers ein. Kindern verabreicht man eine Paste, die man durch das Zerreiben der Wurzel auf einem Stein oder in einem Mörser unter Zugabe von etwas Wasser erhält. Für Kleinkinder mischt man ⅛ TL dieser Paste mit ½ TL Honig. Mit zunehmendem Alter werden höhere Dosen gegeben.

Devadaru – Parvatis eigenes Kind

Wörtlich übersetzt bedeutet Devadaru (*Cedrus decodara*) »das, was im Land der Götter wächst«, womit der Himalaya gemeint ist. In einigen Texten kann man lesen, es handele sich hier um einen ganz besonderen Baum, der von Parvati selbst genährt würde. Diese wunderschöne Kiefer wächst in der nordwestlichen Himalayaregion auf Höhen zwischen 2000 und 4000 Metern. Sie wird bis zu 50 Meter hoch und schenkt uns ein herrlich duftendes, dickflüssiges Öl, das unter anderem insektizid wirkt, weshalb beispielsweise Termiten das Holz dieser Bäume meiden. In der Heilkunde wird es innerlich und äußerlich angewandt, unter anderem zur Schmerzlinderung und zur Behandlung von Furunkeln und Pickeln.

Tagesdosis: Bei der innerlichen Behandlung (zur inneren Reinigung von Brust und Gebärmutter) beträgt die Dosis etwa 30 Tropfen. Äußerlich wird es wie eine Salbe auf die betroffenen Hautpartien aufgetragen und eingerieben.

Jatamansi – Yogis Locken

Die kleine Pflanze mit den länglichen Blättern, die höchstens 60 cm hoch wird, wächst auf Höhen zwischen 3500 und 4500 Metern. Jata bedeutet »dickes krauses Haar« und die Pflanze (*Nordostachys jatamansi*) wird Jatamansi genannt, weil ihre braunen behaarten Wurzeln an die dicken Locken der Yogis erinnern. Die Wurzel ist Bestandteil vieler Heilmittel, insbesondere solcher gegen Nervenschwäche, geistige Erschöpfung, Schlaflosigkeit, Gedächtnisschwund, Kopfschmerzen und Unruhezustände. Sie wird auch in

Präparaten zur Vorbeugung gegen Haarausfall und zur Anregung des Haarwachstums verwendet. Im Ayurveda hat die äußere Anwendung nervenstärkender Pflanzen im Rahmen einer Ölmassage des Kopfes eine lange Tradition.

Tagesdosis: 2 g bis 3 g des Wurzelpulvers.

Amalparni – das Traumamittel

Amalparni (*Rheum emodi*) wird auch Peetmuli genannt, was so viel wie »die mit der gelben Wurzel« bedeutet. Amalparni heißt wörtlich übersetzt »die mit den sauren Blättern«. Die Himalayabewohner nennen sie »Archa«. Die Pflanze gehört zur selben Gattung wie der Rhabarber, der ja in Westeuropa überall bekannt ist. In der ayurvedischen Literatur wird diese Pflanze als Mittel gegen Zahnschmerzen und Furunkel erwähnt. Sie wird auch bei Amenorrhö (ausbleibender Menstruation) und verschiedenen Beschwerden des Harntraktes angewandt. Bei den Bergstämmen erfuhr ich allerdings noch etwas über eine andere, ganz erstaunliche Heilwirkung. Sie stellen aus der Wurzel eine Paste her, indem sie sie mit etwas Wasser auf einem Stein zerreiben. Diese Paste wird dann auf Körperstellen aufgetragen, die aufgrund alter innerer Verletzungen Schmerzen bereiten. Amalparni ist also auch ein sehr effektives Heilmittel für Organtraumata.

Tagesdosis: Innerlich 200 mg bis 1 g der getrockneten, pulveri-

sierten Wurzel. Äußerlich trägt man die Paste auf die Körperzonen auf, die mit den alten inneren Verletzungen korrespondieren.

Manjishta – eine Pflanze für die Schönheit

Diese Kletterpflanze (*Rubia cordifolia*) wächst in den tieferen Himalayaregionen bis zu einer Höhe von 2000 Metern. Sie hat einen roten Stamm und eine rote Wurzel. Letztere besitzt außerordentlich heilende und revitalisierende Eigenschaften. Außerdem wirkt sie blutreinigend und klärt die Haut. Man verwendet sie bei verschiedenen Hautproblemen und für einen strahlenden Teint.

Tagesdosis: In niedrigen Dosen von bis zu 1 g wirkt sie beruhigend und trägt zu innerer Ausgeglichenheit bei.

Die Natur schenkt uns einen unerschöpflichen Vorrat an Heilmitteln aus dem Pflanzen-, Mineral- und Tierreich. Eigentlich gibt es überhaupt nichts »Nutzloses« in der Natur. Zu Lebzeiten Buddhas (im 6. Jh. v. Chr.) lebten mehrere seiner Schüler im Ashram des Guru Aatreya und als der wusste, dass er nicht mehr lange leben würde, dachte er darüber nach, einen dieser Schüler zu seinem Nachfolger zu ernennen. Um den Richtigen auszuwählen, unterzog er sie einem Test: Er trug allen Schülern auf, in den Dschungel zu gehen und ihm einige Pflanzen ohne jegliche heilende Eigenschaften

zu bringen. Nur ein Schüler, Jeevak, kam ohne eine einzige Pflanze zurück. Er begründete das gegenüber seinem Lehrer damit, dass nichts in der Natur ohne Heilwirkung sei. Nicht nur die Pflanzen, Tiere und Mineralien, sondern auch der Wind, das Sonnenlicht, das Zwitschern der Vögel, der Duft der Blumen und Blüten und die Geräusche der Flüsse und Wasserfälle seien voller Heilkraft.

Jeevak wurde einer der größten Ayurvedagelehrten und Ärzte in der Geschichte des Ayurveda. Er war auch der Leibarzt von König Bimbisar.

KAPITEL 3

SHIVA
ALS HERRSCHER ÜBER DIE ZEIT

Shiva und seine Gemahlin Shakti repräsentieren unter anderem auch *kala*: die Zeit. Shiva ist deshalb auch unter dem Namen Kaleshvar oder »Gott der Zeit« bekannt, Shakti wird auch Kali oder »Göttin der Zeit« genannt, weil die Verbindung dieser beiden Energien die sichtbare oder materielle Welt hervorbringt, während ihre Trennung die Auflösung der Welt zur Folge hat. Deshalb werden diese beiden kosmischen Kräfte als »Herrscher und Herrscherin über die Zeit« bezeichnet. Ihre Vereinigung und Trennung stehen jedoch auch auf einer übergeordneten Ebene für die »kosmische Zeit«. Auf dieser Ebene erhält der Zeitbegriff eine völlig andere Bedeutung, da er anderen Gesetzen unterliegt.

Im Hinblick auf unsere Gesundheit ist der Zeitfaktor sehr wichtig, denn wer gesund bleiben will, muss gemäß

der traditionellen ayurvedischen Lehre im Einklang mit »Raum und Zeit« leben. Mit »Raum« ist in diesem Zusammenhang unsere natürliche Umgebung gemeint, das heißt unser Wohnort sowie die Orte, auf die sich unser physisches Dasein beschränkt. Dazu gehören auch jene Räume, in die wir uns geistig begeben.
Der Begriff »Zeit« bezieht sich hier auf die Jahreszeit, die Tageszeit und das Wetter sowie auf unser Alter.
Alle Pflanzen, die wir als Nahrungsmittel oder Heilmittel zu uns nehmen, entwickeln sich aus der kosmischen Energie gemäß ihrer charakteristischen Eigenschaften und ihrer Wachstumsbedingungen im Laufe der Jahreszeiten. Die Natur ist vollkommen und steht niemals mit sich selbst im Widerstreit.
Auch wir sind Teil dieser Natur und werden vom großen Ganzen mit allem versorgt, was wir brauchen. Nur ist uns das meist nicht bewusst. Für eine gesunde Lebensweise ist es jedoch entscheidend, dass wir uns als Teil eines größeren Systems begreifen lernen und auch dafür Sorge tragen, dieses System nicht durch ungeschicktes Handeln ins Ungleichgewicht zu bringen. Sobald wir das tun, sondern wir uns vom großen Ganzen ab, was viele physische und mentale Probleme nach sich zieht.
In unserem Leben ist für alles gesorgt. Wie müssen nur lernen, wieder zu einer natürlichen Lebensweise zurückzufinden. So wie die Sonne nicht jeden Morgen zur

selben Zeit aufgeht und sich der Zeitpunkt des Sonnenaufgangs in Abhängigkeit von der Jahreszeit ändert, so sollten auch wir unsere Lebensweise den Jahreszeiten und Tageszeiten anpassen.

Im Einklang mit den Tageszeiten

Springen Sie morgens nach dem Aufwachen nie aus dem Bett, sondern lassen Sie sich etwas Zeit, im Tag anzukommen. Stehen Sie mit Ruhe und guten Gedanken auf: Denken Sie beispielsweise an die Sonne und danken Sie, dass Ihnen ein weiterer Tag geschenkt wurde.

 Atmen Sie dreimal tief ein und aus und genießen Sie das Gefühl, lebendig zu sein.

Diese kleine Übung kostet Sie morgens nicht viel Zeit, lenkt jedoch Ihr Denken in positive Bahnen.

 Trinken Sie als Erstes heißes Wasser.

Stellen Sie sich dabei die Wasserfälle im Himalaya, Shivas Lebensraum, vor. Wasser ist Leben und das beste »Reinigungsmittel« der Welt. Es spült alle Giftstoffe aus Ihrem Körper. Auf leeren Magen getrunken, reinigt Wasser vor allem den Darm sowie Nieren und Blase.

Nach dem Wassertrinken sollten Sie sich nicht hinlegen oder setzen. Bewegen Sie sich, machen Sie ein paar Yogaübungen oder lau-

fen Sie, und wenn es nur für ein paar Minuten ist. Bis zum Frühstück sollte mindestens eine halbe Stunde vergehen. So geben Sie Ihren Organen Zeit »aufzuwachen«, bevor sie ihre Verdauungsarbeit aufnehmen müssen.

 Tun Sie sich mit einem flüssigen, warmen Frühstück etwas Gutes.

Ich empfehle warmen Getreidebrei. Ein solches Frühstück überfordert den Organismus nicht schon am Morgen mit schwer verdaulichen, kalten und festen Nahrungsmitteln. Sorgen Sie dafür, dass Ihre inneren Organe den Tag sanft beginnen können und nicht sofort Schwerstarbeit leisten müssen. Ersparen Sie ihnen einen täglichen kleinen Schock, wenn Sie sich ein langes, gesundes Leben wünschen.

Nach unserer ersten kleinen Mahlzeit nehmen wir unsere verschiedenen Tätigkeiten auf.

 Planen Sie Ihren Tagesablauf. Es ist besser, sich ein wenig Zeit zu nehmen, um sich zu organisieren, als eine Menge Zeit durch konfuses Handeln zu verlieren.

Falls Sie nicht wissen, was Sie als Erstes tun sollen, weil Sie so viel zu erledigen haben, atmen Sie einfach ein paarmal tief durch, konzentrieren Sie sich auf die Sonne und lassen alle anderen Gedanken los. Die Sonne ist eine universale »Seherin«. Ohne Licht sind wir blind und in vielen Kulturen wird geistige Klarheit mit Licht assoziiert. So werden Sie nicht nervös, wenn Sie in Zeitnot gera-

ten. Viele Menschen verschlimmern oft die Situation noch, indem sie in ihrer Hektik und Konfusion beispielsweise den Schlüssel oder ein wichtiges Dokument vergessen. Wenn Sie lernen, Ruhe zu bewahren, sind der Gott und die Göttin der Zeit auf Ihrer Seite.

Zeit ist die elementare universale Energie. Wieso? Im Yogasutra des Patanjali wird sie als der immerwährende Wandel im Kosmos definiert, der sich in jeder Millisekunde vollzieht. Das bedeutet, dass der Kosmos schon in der nächsten Millisekunde nicht mehr derselbe ist wie zuvor. Das ist die Dynamik Shivas, das sind Schwingung und Klang – Shivas Tanz.

Ihre Zeit steht in Verbindung mit Ihrem Unterscheidungsvermögen. Sie müssen als Individuum für sich entscheiden, wie Sie Ihr Leben führen wollen, und die Fähigkeit entwickeln, Ihre Sinne zu beherrschen.

 Zähmen Sie Ihre Sinne, die wie Wildpferde springen, und achten Sie darauf, was Ihnen wirklich guttut.

Mangelnde Kontrolle über Ihre Sinne raubt Ihnen Lebenszeit und Gesundheit. Viele Menschen essen beispielsweise zu viel, weil sie sich nicht unter Kontrolle haben. Sie essen zu oft und zu üppig, weil sie ihren Gaumen mit Geschmack und Aroma verwöhnen wollen. Doch am Ende werden sie entweder fett oder bekommen die unterschiedlichsten Leiden. Dann investieren sie Zeit und Geld, um sich im Fitnessstudio oder mit allen möglichen Behandlungen wieder in Form zu bringen. Doch letztendlich leidet ihre Lebensqualität und ihre Lebenszeit verkürzt sich.

Die Grundprinzipien der Ernährung

Ihre Nahrung sollte eine Vielfalt an Farben und Aromen beinhalten und immer mit den passenden Kräutern und Gewürzen angereichert sein. Ihre Nahrungsaufnahme sollte an die Tageszeiten angepasst sein. Es sind oft ganz einfache Prinzipien, die uns helfen, unsere Gesundheit zu erhalten. Lassen wir sie außer Acht, kann uns selbst die beste und ausgewogenste Nahrung krank machen.

 Essen Sie nie, bevor Ihr Körper die vorhergehende Mahlzeit vollständig verdaut hat. Zwischen zwei Mahlzeiten sollten mindestens vier Stunden liegen. Trinken Sie nicht während des Essens.

So tragen Sie dafür Sorge, dass die Verdauungssäfte ihre Aufgabe optimal erledigen können. Trinken Sie eine kleine Menge vor der Mahlzeit. Wenn Sie während des Essens trinken, füllt sich Ihr Magen zu schnell und die überschüssige Flüssigkeit verdünnt die Verdauungssäfte.

DER MORGEN steht mit den Elementen Erde und Wasser in Verbindung (*kapha*-dominierte Tageszeit). In dieser Zeit ist Ihr Verdauungsfeuer (*agni*) schwach. Essen Sie deshalb zum Frühstück wenig und Leichtverdauliches.

DER MITTAG wird vom Feuerelement beherrscht, sodass die Verdauungskraft nun wesentlich stärker ist. Deshalb können Sie mittags gut und reichlich essen, allerdings ohne sich vollzustopfen.

AM ABEND dominieren wieder die Elemente Wasser und Erde und nach Sonnenuntergang reduziert sich der Energiefluss im Körper, bevor sich die Energiekanäle zur Schlafenszeit schließen. Deshalb sollten Sie abends nur leichte Kost zu sich nehmen. Empfohlen werden Suppen, warmes gedünstetes Gemüse oder Nudeln. Kalte Mahlzeiten mit schwer verdaulichen, fetten Zutaten sollten unbedingt vermieden werden.

Nach dem Essen sollten Sie sich nie hinsetzen oder schlafen. Gehen Sie nach jeder Hauptmahlzeit mindestens hundert Schritte.

Ihr Abendessen sollten Sie spätestens zwei Stunden vor dem Schlafengehen einnehmen.

Der gesamte Verdauungstrakt braucht zwischen der Abendmahlzeit und dem Frühstück eine Ruhepause von etwa zwölf Stunden.

Bringen Sie Ihr Verdauungssystem nicht durcheinander, indem Sie zwischen den Mahlzeiten irgendetwas knabbern. Geben Sie ihm genug Zeit, das Essen in Ruhe zu verdauen.

Im Einklang mit der Jahreszeit

Die jeden Monat wiederkehrende Neumondnacht wird in Indien Shivas Nacht, *shivaratri*, genannt. Der Neumond, der auf Ende Februar oder Anfang März fällt, wird als die große Nacht Shivas, *mahashivaratri*, gefeiert. Es heißt, dass Shiva in dieser Nacht seinen meditativen Zustand aufgibt, sich erhebt und das Tigerfell, auf dem er saß, abschüttelt. Dadurch erwachen viele Lebewesen in dieser Welt aus ihrer Winterstarre.

Auch unser Organismus reagiert auf diese Zeit. Neue Projekte oder solche, die eine gewisse Kreativität erfordern, sollten bei zunehmendem Mond in Angriff genommen werden. Dasselbe gilt für das Aussäen von Gemüse, Kräutern oder anderen Pflanzen. Außerdem ist es wichtig, solche Tätigkeiten in die Morgenstunden zu legen, wenn die Sonne aufgeht.

Es ist sehr interessant zu beobachten, wie die Jahreszeiten unseren Körper beeinflussen. Je nach Jahreszeit speichert der Organismus entweder Hitze oder Kälte und gibt sie zum Ende der Saison wieder ab. Während der Wintermonate sammelt sich im Körper beispielsweise Erd- und Wasserenergie, *kapha*, an. Sobald sich das Wetter zu ändern beginnt und die Luft wärmer wird, setzt der Körper die angesammelte Energie frei. Aus diesem Grund bekommen so viele Menschen im Frühjahr Husten oder eine Erkältung. Eine bewusste Ernährung und eine Lebensweise, die solchen Energieansammlungen vorbeugen, können uns deshalb vor vielen saisonbedingten Beschwerden und Krankheiten bewahren.

Vorsichtsmassnahmen im Winter

Schützen Sie Ihren Körper und sorgen Sie für einen schonenden Übergang von der Wärme in die Kälte.

 Ziehen Sie sich warm an – auch wenn Sie nur kurz ins Freie gehen.

Setzen Sie sich auch nicht für wenige Minuten der Kälte aus, wenn der Körper nicht warm genug »eingepackt« ist.

 Hüten Sie sich vor kaltem Wind.

Tragen Sie stets eine Kopfbedeckung. Im Kopfbereich kann sich sehr schnell *kapha* ansammeln und eine Verstopfung und Entzündung der Nebenhöhlen verursachen. Verstopfte Nebenhöhlen können wiederum eine Menge weiterer Beschwerden nach sich ziehen, beispielsweise die Sinnesorgane schwächen und im Extremfall zum Schlaganfall führen.

Besondere Vorsicht ist in den frühen Morgenstunden und abends nach Sonnenuntergang geboten. Zu diesen Tageszeiten können Sie plötzlich von der Kälte überrascht werden. Darauf sollten Sie stets vorbereitet sein, indem Sie immer ein warmes Kleidungsstück dabeihaben.

 Essen Sie Nüsse und würzen Sie die Speisen mit Ingwer, Knoblauch, Pfeffer, Dillsamen und Kreuzkümmel, um sich innerlich zu wärmen.

Eine sitzende Lebensweise ist besonders im Winter abträglich.

 Achten Sie auf ausreichende Bewegung.

Vor allem im Winter ist dies wichtig, um den Kreislauf anzuregen und keine kalten Hände und Füße zu bekommen.

Vorsichtsmassnahmen im Sommer

Die Sonne schenkt Leben, bringt Licht – doch birgt ihre ultraviolette Strahlung durch die Schäden in der Ozonschicht auch viele Gefahren.

 Hüten Sie sich vor intensiver Sonnenbestrahlung.

Auch wenn Sie sich mit der Wärme der Sonne »aufladen« möchten, sollten Sie dabei stets dünne Baumwollkleidung tragen. Wer Wert auf eine leichte Sonnenbräune legt, sollte vor dem Sonnenbad eine Ölsättigungsmassage mit reinem Kokosöl durchführen (siehe Seite 21), um die Haut vor UV-Strahlen und Sonnenbrand zu schützen. Müssen Sie sich um die Mittagszeit einmal länger draußen aufhalten, sollten Sie Ihren Kopf mit einem Baumwolltuch oder einem Strohhut schützen.

 An heißen Sommertagen ist es am besten, reines Wasser zu trinken.

Manche Menschen trinken zu jeder Jahreszeit Säfte oder Tee. Säfte

enthalten Fruchtsäuren, die im Körper Hitze erzeugen, während die meisten Tees entwässernd wirken und der Körper viel Flüssigkeit verliert.

Ayurveda empfiehlt, bei extremer Hitze das Wasser mit verdünntem Sirup zu trinken, der zusätzlich kühlend wirken kann. Sirup gibt es in verschiedenen Geschmacksrichtungen mit Zusätzen von Sandelholz, Rosen oder anderen kühlenden Pflanzen. In Westeuropa wird es im Sommer zwar normalerweise nicht so extrem heiß wie in Indien, aber im Jahre 2003 gab es auch hier einen »Jahrhundertsommer« mit außergewöhnlich hohen Temperaturen und einer lang anhaltenden Trockenperiode.

Es ist wichtig, die Ernährung der Jahreszeit anzupassen.

- *Im Sommer sollten Sie mehr Salate und frisches Obst zu sich nehmen und die Mahlzeiten sollten weniger fett und süß sein.*

- *Schränken Sie den Verzehr von Schokolade, Süßigkeiten, Nüssen und Fleisch ein.*

- *Zum Würzen verwenden Sie kühlende Gewürze wie Koriander, Fenchelsamen und Nelken, um einen Ausgleich zu wärmenden Gewürzen wie Knoblauch, Dillsamen und Pfeffer zu schaffen.*

Auch im Sommer kann kühle Luft zu einem »steifen Hals« oder anderen schmerzhaften Beschwerden führen. Besonders in Europa

sinken die Temperaturen nach Sonnenuntergang deutlich und viele Leute laufen dann immer noch in ihrer dünnen Sommerbekleidung herum. Nehmen Sie immer eine leichte Jacke mit!

Ein weiteres Erkältungsrisiko geht heutzutage von Ventilatoren und Klimaanlagen aus. Halten Sie sich, wenn Sie von draußen kommen, nicht in unmittelbarer Nähe eines Ventilators auf. Treten Sie nicht aus der Sommerhitze direkt in einen mit Klimaanlage gekühlten Raum, sondern halten Sie sich zunächst eine Weile im Schatten auf und trinken Sie etwas Wasser.

Übermäßige Hitze verursacht Hautausschläge und Pickel, Kopfschmerzen, Bindehautentzündung und Mundbläschen. Eine bewusste Ernährung hilft, solchen Beschwerden entgegenzuwirken.

Bereiten Sie gemischtes Gemüse mit ein wenig Butter oder Ghee (Butterreinfett) zu und essen es mit Reis. Eine mit Koriander und Ghee zubereitete Suppe aus roten Linsen ist ebenfalls ein gutes Mittel gegen eine Überhitzung des Körpers.

Wenn sich im Sommer nach einigen schönen Tagen der Himmel bewölkt und es tagelang regnet, werden viele Menschen niedergeschlagen. Das Wetter »drückt auf ihre Stimmung«. Andere beginnen zu nörgeln und werden reizbar. Versuchen Sie sich an solchen Tagen an die veränderten Wetterbedingungen anzupassen und lassen Sie Ihre innere Sonne scheinen. Essen Sie warme Suppen, bereiten Sie Ihre Mahlzeiten mit reichlich Ingwer, Knoblauch und Pfeffer zu und machen Sie es sich zu Hause gemütlich. Solches

Wetter gibt Ihnen Gelegenheit, sich auszuruhen oder Dinge zu erledigen, die Sie schon längere Zeit vor sich hergeschoben haben. Auch wenn es nach einer regnerischen, kühlen Wetterperiode plötzlich warm wird, fühlen sich viele Menschen unwohl. Das ist allerdings nicht auf die Hitze zurückzuführen, sondern auf einen Flüssigkeitsmangel. Die Leute trinken nicht genug, um die Temperaturänderungen auszugleichen.
Wir müssen uns sowohl physisch als auch psychisch auf Wetterwechsel einstellen. Lernen Sie, jeden Tag Ihres Lebens zu feiern und so anzunehmen, wie er ist. Machen Sie sich klar, dass wir Sonne und Regen brauchen.

Reinigung im Frühjahr und Herbst

Nach Sommer und Winter wollen wir uns nun den anderen beiden Jahreszeiten zuwenden. Wie bereits erwähnt, nimmt der Körper während der kalten und der heißen Jahreszeit die jeweils vorherrschende Energie intensiv auf und gibt sie beim Wechsel der Jahreszeiten wieder ab. Im Frühjahr und Herbst zeigt sich dann, wie Sie mit Ihrem Körper im Sommer oder im Winter umgegangen sind. Gemäß der vedischen Tradition soll man sich im Frühling und im Herbst mithilfe bestimmter Anwendungen innerlich reinigen, um den Organismus nach dem extremen Klima des Winters oder Sommers wieder ins Gleichgewicht zu bringen.
Ein Ungleichgewicht der Körperenergien kann unmittelbar zu Be-

schwerden oder zu chronischen und schweren Erkrankungen führen. Um das zu verhindern, sollten Sie zweimal jährlich eine innere Reinigung durchführen. Sowohl im Yoga als auch im Ayurveda kennt man verschiedene Maßnahmen (*panchakarma*) zur Revitalisierung des Körpers durch die Ausleitung von Giftstoffen. Dadurch werden alle Organfunktionen gestärkt. Um diese Maßnahmen erfolgreich durchführen zu können, muss man sich jedoch intensiv mit der Materie beschäftigen oder einen erfahrenen Ayurveda-Arzt konsultieren. Deshalb schlage ich hier eine dritte und einfache Möglichkeit vor: nämlich halbjährlich eine solche innere Reinigung durchzuführen. Bei dieser Methode in der Tradition Shivas und Shaktis unterzieht man sich einem neuntägigen Teilfasten, dem sogenannten *navaratra*, was wörtlich »neun heilige Nächte« bedeutet.

Nach dem Mondkalender der Hindus fallen diese neun heiligen Nächte auf die ersten neun Tage ab dem zunehmenden Mond im Monat Chaitra, etwa Mitte Februar, und im Monat Ashwin, etwa Mitte September. Die rituelle Symbolik der neun Nächte steht für die Verehrung der neun verschiedenen Formen Shaktis, die die unterschiedlichen Aspekte der Naturkraft, der kosmischen Substanz, repräsentieren. Diese Fastenzeiten dienen einerseits der Reinigung auf der physischen Ebene und tragen andererseits dazu bei, die feineren Energien zu aktivieren. Wir nehmen uns selbst bewusster wahr und durchbrechen die starre Routine des Alltags.

Ernährungsplan für die Zeit der neun heiligen Nächte

Verzichten Sie auf Speisen, die mit Weizen, Gerste, Mais, Linsen und Kichererbsen zubereitet sind. Essen Sie stattdessen Früchte und Milchprodukte. Nehmen Sie nur zwei Mahlzeiten täglich zu sich. Das Frühstück sollte leicht sein (beispielsweise etwas Obst und Milch). Trinken Sie während der Kur keine Sojamilch, da diese aus Bohnen besteht.

🌿 Trockenfrüchte (beispielsweise Rosinen) sowie Mandeln und Kokosnüsse können ebenfalls verzehrt werden.

🌿 Falls Sie körperlich aktiv sind, können Sie zwischen den beiden Mahlzeiten Obst, Yoghurt oder ungesalzenen Hüttenkäse essen.

🌿 Die zweite Mahlzeit wird am Abend eingenommen. Sie kann aus Kartoffeln, Gemüse, Käse etc. bestehen. (In Indien kennt man als Ersatz für Getreidemehl verschiedene Mehle aus anderen Pflanzen, die man zu brotähnlichen Fladen verarbeitet. Sie bestehen aus den winzigen Früchten bestimmter Pflanzen und werden in der Zeit des Navaratra in allen Lebensmittelgeschäften angeboten.)
In Europa empfehle ich eher, das Getreide durch Kartoffeln zu ersetzen.

🌿 Die Mahlzeiten sollten weder mit Zwiebeln oder Knoblauch noch mit anderen anregenden Gewürzen zubereitet werden. Zum Würzen können Sie Fenchelsamen, Kardamom, Gewürznelken, Zimt und fri-

schen Ingwer verwenden. Benutzen Sie während der Kur nur wenig Steinsalz und Fett bei der Zubereitung Ihrer Mahlzeiten.

🌷 Schränken Sie den Verzehr von saurem Obst ein und nehmen Sie beispielsweise Bananen in den Speiseplan auf.

Den Geist stärken in den neun heiligen Nächten

Geistige Disziplin ist während dieser neuntägigen Kur ebenfalls wichtig.

🌷 Verzichten Sie abends auf Einladungen und gesellschaftliche Aktivitäten und unternehmen Sie stattdessen lange Spaziergänge.

🌷 Achten Sie darauf, so wenig wie möglich zu sprechen. Bleiben Sie ganz bei sich und vermeiden Sie Small Talk.

🌷 Machen Sie morgens nach dem Aufstehen und abends vor dem Zubettgehen ein paar Konzentrationsübungen. Auch wenn Sie wenig Zeit haben, sollten Sie dafür mindestens fünf Minuten einplanen. Als Konzentrationsobjekte eignen sich Dinge in der Natur: beispielsweise Ihre Lieblingsblume, ein Baum, ein See oder Fluss oder die Berge. Auch Kristalle oder Edelsteine sind hierfür geeignet.

🌷 Sprechen Sie vor den Mahlzeiten ein kurzes Gebet und danken Sie der Natur, dass sie Sie mit allem versorgt. Danken Sie ihr auch jeden Abend vor dem Schlafengehen dafür, dass sie alle Materialien geschenkt hat, um Ihnen ein Zuhause zu geben.

KAPITEL 4

SHIVA

ALS SCHÖPFER DER HEILENDEN KRÄFTE

Wir alle atmen, essen, trinken und schlafen, um am Leben zu bleiben. Das sind die Grundvoraussetzungen für unser Überleben. Wollen wir jedoch unsere Lebensqualität verbessern, sollten wir einige spezielle Präparate einnehmen, die im Ayurveda *rasayanas*, Stärkungsmittel, genannt werden. Rasayanas erhöhen die Immunabwehr und Vitalität und beugen Krankheiten vor. So können wir uns einer hohen Lebensqualität erfreuen und dieses irdische Dasein länger genießen.

Es gibt eine Fülle von Stärkungsmitteln für Körper und Geist. Im Rahmen dieses Büchleins möchte ich Sie mit einigen einfachen Hausmitteln vertraut machen, die uns im Alltag gute Dienste leisten und uns widerstandsfähiger gegen Krankheiten machen.

Reinigung zur Befreiung von Blockaden

Damit die Rasayanas ihre ganze Wirkung entfalten können, sollten wir zunächst körperliche Blockaden beseitigen, die auf der Ansammlung von Giftstoffen beruhen. Solche Toxine und Schlacken sammeln sich in unserem Körper an durch die Aufnahme aller möglichen Stoffe, wie beispielsweise Konservierungsmittel, Pestizide, Kunstdünger, künstliche Aromen und Farbstoffe, mit denen unsere Nahrungsmittel behandelt werden.

Verstopfung ist eine der Hauptursachen für die schleichende Vergiftung des Körpers, die die »innere Umwelt« zerstört. Andere schädliche Faktoren sind Völlerei und übermäßiger Alkoholkonsum.

Wenn wir zu viel oder zu oft essen, sammelt sich unverdaute Nahrung im Magen-Darm-Trakt an. Dadurch wird die Aufnahme von Nährstoffen behindert. Obwohl die moderne Schulmedizin diesen Zustand ignoriert, wird er im Ayurveda als ernste Erkrankung betrachtet. Wenn die vollständige Aufnahme der Nährstoffe aus der Nahrung verhindert wird, führt das zu einer allmählichen Schwächung des Organismus. Auch Leber und Nieren leiden unter der Ansammlung von Toxinen. Deshalb sollten Sie von Zeit zu Zeit – insbesondere vor der Einnahme von Rasayanas – ein paar einfache Reinigungsmethoden anwenden.

Im Folgenden beschreibe ich zwei Mittel zur inneren Reinigung. Das zweite Produkt, *triphala*, ist vielleicht nicht für alle LeserInnen leicht erhältlich. Es handelt sich um ein Präparat aus drei Himalayafrüchten, die getrocknet, zermahlen und zu gleichen Teilen miteinander vermischt werden. Triphala ist Reinigungs- und Stärkungsmittel zugleich. Man kann es in einigen Apotheken in Deutschland und in der Schweiz bestellen.

Innere Reinigung mit Sennesblättern

Sennesblätter (*Cassia angustifolia*) sind ein mildes Abführmittel. In Europa wird meistens ein Tee aus Sennesblättern verwendet. Eine bessere Wirkung erzielen Sie, wenn Sie das Pulver aus den getrockneten Sennesblättern (1 voller TL) mit etwas heißem Wasser vor dem Schlafengehen einnehmen. Die Wirkung setzt am nächsten Morgen ein und besteht darin, dass der Stuhl verflüssigt und der Körper auf diese Weise innerlich gereinigt wird. Dadurch wird auch die Leber entlastet und übermäßige Hitze ausgeleitet. Nehmen Sie an diesem Tag nur leichte, flüssige Mahlzeiten zu sich, ruhen Sie sich aus und vermeiden Sie Hektik und Stress.

Innere Reinigung mit Triphala

Die drei Früchte, aus denen Triphala hergestellt wird, heißen *amala, harada* und *baheda*. Sie werden getrocknet und zusammen

zu Pulver vermahlen. Triphala bedeutet wörtlich nichts anderes als: »beinhaltet drei Früchte«. Dieses Pflanzenpräparat bringt den Organismus wieder ins Gleichgewicht und leitet Giftstoffe aus.

Das Triphala-Pulver sollte über Nacht in einem Glas heißem Wasser eingeweicht und am nächsten Morgen vor der Einnahme noch einmal erwärmt werden. Je nach Körpergewicht nimmt man ein bis zwei Teelöffel des in Wasser eingeweichten Pulvers auf leeren Magen ein. Es wird empfohlen, Triphala mindestens eine Woche lang einzunehmen.

Abhängig vom Grad der inneren Verunreinigung kann es nach der Einnahme von Triphala zu verschiedenen körperlichen Reaktionen kommen. Manche Menschen müssen sich am ersten Tag übergeben. Das bedeutet, dass das Übermaß an Wasser- und Erdenergie (Kapha) reduziert wird. Der Stuhl wird weich, außerdem gehen vermehrt Winde ab, wodurch das Gleichgewicht von Pitta und Vata wiederhergestellt wird.

Da alle drei Pflanzen der Triphala-Mischung kräftigend wirken und Bestandteil verschiedener Rasayanas sind, werden Sie nach einer Kur mit Triphala besser aussehen und sich vitaler fühlen.

DIE WUNDERBAREN ELF – VERJÜNGENDER MORGENTEE

Der verjüngende Morgentee enthält elf verschiedene Kräuter und Gewürze, die überall erhältlich sind. Man kann sie alle zusammen im unten angegebenen Mischungsverhältnis mahlen. Bereiten Sie

eine größere Menge zu, damit Sie den Tee täglich trinken können. Dieses einfache Präparat kann Ihr Leben verändern. Alle, die häufig unter kalten Händen und Füßen leiden, oft müde sind und bei der Arbeit wenig Ausdauer haben, werden sich sehr viel besser fühlen. Menschen, die normalerweise viel Schlaf brauchen, stellen oft fest, dass sie weniger schlafen und viel aktiver sind. So haben sie mehr vom Leben.

Zutaten:
50 g Koriandersamen
50 g getrockneten Ingwer
50 g Süßholz
50 g Fenchelsamen
50 g Kardamomsamen
50 g große Kardamomsamen
25 g getrocknete Basilikumblätter (*tulsi*, das indische Basilikum)
25 g Langpfeffer
25 g schwarzer Pfeffer
25 g Gewürznelken
25 g Zimt

Alle Zutaten in einer Mühle mahlen (Sie können dazu eine neue Kaffeemühle verwenden). Vermischen Sie das Pulver sorgfältig und streichen Sie es durch ein Sieb, um grobe Bestandteile herauszufiltern. Mahlen Sie die im Sieb verblie-

benen Teile noch einmal und mischen den Rest gründlich unter. Bewahren Sie das Pulver in einem trockenen, fest verschließbaren Glas auf.

Bereiten Sie nun täglich Ihren Verjüngungstee zu:
½ TL des Pulvers in ½ l Wasser geben und zugedeckt auf kleiner Flamme ungefähr drei Minuten leicht kochen lassen. Danach sollte der Tee noch drei bis fünf Minuten ziehen.

Zubereitung mit schwarzem Tee

Falls Sie normalerweise schwarzen Tee oder Kaffee trinken, können Sie folgendes Rezept ausprobieren: Fügen Sie dem Verjüngungstee nach dreiminütigem Kochen einen Teelöffel schwarzen Tee (beispielsweise englischen Frühstückstee) hinzu und lassen Sie ihn etwa dreißig Sekunden mitkochen. Geben Sie dann noch etwa 150 ml Milch und etwas Kandiszucker (nach Belieben) dazu und lassen Sie alles zusammen noch eine Minute kochen. Fertig ist Ihr anregender Verjüngungstee! Dieses Getränk ist ein sehr guter Ersatz für Kaffee.

KRAFT SPENDENDE WEIZENMILCH

Das ist ein einfaches und preiswertes Hausmittel zur Stärkung des Immunsystems und zur Steigerung der Vitalität. Die regenerierende Wirkung der Getreidekörner ist zu Beginn der Keimphase am stärksten. Gemäß des uralten ayurvedischen Wissens werden in

dieser Zeit alle verborgenen Kräfte in einem Getreidekorn mithilfe der fünf Elemente der Natur geweckt. Aus der modernen Biologie wissen wir überdies, dass die Enzyme und Wachstumshormone in dieser Phase in optimaler Menge vorhanden sind. Um Getreidekörner in diese Wachstumsphase zu bringen, müssen Sie sie nur 24 Stunden lang in Wasser einweichen.

Erster Schritt: Zubereitung von Weizenmilch

Besorgen Sie sich kleinkörnigen biologischen Urweizen bester Qualität (Rezept für 100 g Weizen). Dieser wird im Deutschen als Dinkel bezeichnet und ist eine Urform des Weizens. Achten Sie darauf, dass das Getreide nicht zu lange gelagert wurde (überprüfen Sie das Datum auf der Packung). Sind die Körner zu alt, haben sie ihre Keimfähigkeit eingebüßt.

Waschen Sie das Getreide und weichen Sie es in heißem Wasser ein (das Wasser sollte etwa doppelt so hoch stehen wie die Körner).

Bedecken Sie das Gefäß mit einem dünnen Baumwolltuch. Nach und nach saugt der Dinkel das gesamte Wasser auf.

Falls Sie nach ein paar Stunden feststellen, dass das Getreide trocken zu werden beginnt, fügen Sie einfach noch ein wenig heißes Wasser hinzu, um es feucht zu halten.

Nach ungefähr 24 Stunden geben Sie den Dinkel in den Mixer. Eventuell müssen Sie noch etwas Wasser hinzufügen. Danach streichen Sie die Dinkelmasse durch ein großes, fei-

nes Sieb. Drücken Sie den Inhalt des Siebes gut mit der Hand oder einem Löffel durch, um die ganze Weizenmilch zu erhalten.

Zweiter Schritt: Zubereitung des Weizentrunks
100 ml Kuhmilch oder
1 TL Ghee
1 EL gehackte Mandeln
1 Prise Safran
2 TL Kandiszucker (nach Belieben)

Bringen Sie die im ersten Schritt erhaltene Weizenmilch zusammen mit Kuhmilch oder Ghee unter ständigem Rühren zum Kochen (die Weizenmilch hängt sehr schnell am Topfboden an, wenn man nicht ununterbrochen rührt).
Lassen Sie sie nach dem Aufkochen etwa fünf Minuten leicht köcheln.
Fügen Sie die anderen Zutaten hinzu und lassen Sie das Ganze noch eine Minute kochen. Der Trunk bekommt eine Konsistenz wie eine dicke Suppe und kann zum/als Frühstück oder nach einem leichten Abendessen als Nachtisch getrunken werden.

Anmerkung: Aus den bei der Herstellung der Weizenmilch im Sieb verbliebenen gröberen Teilen können Sie ein Fladenbrot backen. Vermischen Sie diese Reste mit etwas Grieß, Salz, Gewürzen, Zwie-

beln und Kräutern zu einem Teig. Geben Sie ein wenig Ghee oder Öl in eine beschichtete Pfanne und streichen Sie, nachdem das Öl heiß geworden ist, je 3 EL Teig in der Pfanne glatt. Den Fladen nach kurzer Zeit wenden und die andere Seite goldgelb backen.

DEN GEIST STÄRKEN

Unser Geist kontrolliert die fünf Sinne und für ein starkes Nervensystem ist es wichtig, den Kopf »kühl« zu halten. Da der Geist unser ganzes Sein bestimmt, sollten wir besonderen Wert auf seine Schulung legen. Es gibt zwei Methoden zur Schulung des Geistes: Maßhalten und Stille.

Maßhalten: Üben Sie sich in geistiger Enthaltsamkeit. Schützen Sie Ihre Sinne vor Reizüberflutung und achten Sie bewusst darauf, sich geistig nicht zu überlasten. Das wichtigste Beispiel in diesem Zusammenhang ist das Reden. Achten Sie einmal bewusst auf nichtssagende Gespräche. Sie kosten jede Menge Energie und vernebeln Ihren Geist. Deshalb sollte man auch selbst beim Sprechen zurückhaltend sein, das heißt, nicht zu viel reden. Vermeiden Sie nutzlose Unterhaltungen. Auch lautes Reden führt zur Erschöpfung. Achten Sie darauf, möglichst leise zu sprechen.

Maßhalten ist natürlich auch in anderen Bereichen wie z. B. beim Essen sowie dem Verlangen nach bestimmten Sucht erzeugenden Dingen wie Alkohol, Tabak oder anderen Drogen vonnöten.

Stille – Atemübung

Praktizieren Sie folgende einfache Übungen für innere Ruhe und geistige Klarheit.

🌷 Atmen Sie morgens nach dem Aufstehen fünf Mal tief ein. Lenken Sie dabei bewusst die *prana*-Energie, die lebendige Energie unseres Einatmens, in den Kopfbereich. Wiederholen Sie das mehrmals.

🌷 Machen Sie dieselbe Atemübung vor dem Frühstück oder gegen 10 Uhr vormittags und lenken Sie diesmal die Energie in den Solarplexusbereich.

🌷 Atmen Sie mittags vor dem Essen ebenfalls fünf Mal tief ein und aus und lenken Sie den Atem zum Bauchnabel.

🌷 Lenken Sie abends vor dem Abendessen Ihre fünf tiefen Atemzüge in den Bereich unterhalb des Bauchnabels und bis in die Füße.

🌷 Auch vor dem Schlafengehen atmen Sie wieder fünf Mal tief ein und aus und lassen die Energie mit dem Atem im gesamten Körper fließen.

Um Ihren Geist auf die Stille ausrichten zu können, müssen Sie sich vor vier Feinden hüten:

🌷 ein Sklave der Sinne zu sein
🌷 Wut
🌷 Abhängigkeit und Anhaftung
🌷 Habgier

Es ist wichtig, diese Feinde zu erkennen und den Geist so zu schulen, dass sie immer mehr an Macht verlieren. Je freier Sie von ihnen werden, desto mehr stellt sich ein Zustand der Zufriedenheit (*santosha*) ein. Unzufriedenheit (*asantosha*) führt nicht nur zu nervlicher Erschöpfung und macht Sie ruhelos und unglücklich, sondern verursacht auch verschiedene körperliche Erkrankungen. Zufriedenheit steht in direkter Beziehung zum Glücklichsein, während Unzufriedenheit in direkter Beziehung zum Unglücklichsein steht. Glücklichsein hat nichts mit Wohlstand und materiellem Luxus zu tun, den man mit Geld kaufen kann, es ist vielmehr Ihr innerer Zustand der Zufriedenheit, der Sie glücklich macht.

Stärkung für Nerven und Gehirn

Nehmen Sie gehirn- und nervenstärkende Lebensmittel in Ihren täglichen Speiseplan auf. Süßholz, Fenchel, Koriandersamen, Kürbiskerne, Mandeln, Cashew-Nüsse, Pfeffer und Langpfeffer sind nur einige Produkte, die eine positive Wirkung auf das Nervensystem und das Gedächtnis haben. Es folgen einige Rezepte für Haus- und Heilmittel, die Sie aus diesen Zutaten herstellen können. Bei täglicher Verwendung stärken diese die Nerven und verbessern Ihre Gedächtnisleistung.

Abendtee (Zutaten für zwei große Tassen):

⅓ TL Koriander

⅓ TL Süßholzwurzel

5 bis 6 Basilikumblätter

¼ TL Pfeffer

¼ TL Fenchelsamen

Die Zutaten zerstoßen und in ½ l Wasser zum Kochen bringen. Danach noch weitere fünf Minuten auf kleiner Flamme kochen. Den Tee fünf Minuten ziehen lassen, abseihen und trinken.

Kürbiskerne und Kürbiskernöl

Das Öl aus Kürbiskernen stärkt die Nerven und verbessert die Gedächtnisleistung. Es wird empfohlen, täglich einen Teelöffel voll an Salate, Suppen oder andere Speisen zu geben.

Anstelle von Kürbiskernöl können Sie auch Kürbiskerne über die Speisen streuen. Die regelmäßige Verwendung von Kürbiskernen in der einen oder anderen Form ist sehr empfehlenswert.

Nüsse in Honig (Zutaten):

200 g Cashew-Nüsse

100 g Kürbiskerne

100 g geschälte Mandeln

50 g Fenchelsamen

25 g schwarzer Pfeffer

25 g kleiner Kardamom
25 g Nelken
1 kg Honig

Füllen Sie 1 kg Honig in ein ca. doppelt so großes Gefäß. Fügen Sie Cashew-Nüsse, Kürbiskerne und Mandeln hinzu. Schälen Sie den Kardamom und zerstoßen Sie ihn zusammen mit dem Pfeffer, den Nelken und dem Fenchel. Geben Sie die Gewürze zum Honig, rühren Sie alles gut durch und verschließen Sie das Gefäß fest.
Lassen Sie die Mischung etwa eine Woche »reifen«. Schütteln Sie das Gefäß von Zeit zu Zeit, sodass alles gut durchgemischt wird.
Dosis: Nehmen Sie täglich 2 EL vor dem Frühstück ein. Diese Zubereitung eignet sich auch sehr gut als Nachtisch.

Präparat zur Steigerung der Gedächtnisleistung

Das folgende einfache Heilmittel dient der Verbesserung der Gedächtnisleistung

Zutaten:

100 g Mandeln
100 g Cashew-Nüsse
100 g Kandiszucker

50 g Fenchelsamen
50 g Koriandersamen
25 g schwarzer Pfeffer
25 g langer Pfeffer (*pippali*)

Alle Zutaten werden zusammen gemahlen und in einem sauberen, trockenen, gut verschließbaren Gefäß aufbewahrt. Nehmen Sie täglich 1 EL mit etwas Milch ein. Dieses Präparat hilft gegen Erschöpfungszustände, stärkt die Nerven, die Sehkraft und das Gedächtnis.

Dehnen Sie sich aus

Neben verschiedenen Lebensmitteln und Produkten zur Steigerung der körperlichen und geistigen Fitness ist ein regelmäßiges Bewegungstraining wichtig, um alle Funktionen des Körpers zu verbessern. Eine sitzende Lebensweise ist aus zwei Gründen gesundheitsschädlich: Erstens versteift der Bewegungsapparat durch Unterforderung, wodurch wir sehr anfällig für Stoßverletzungen und Stürze werden. Das bedeutet, dass Menschen mit überwiegend sitzender Lebensweise nur sehr wenige Muskelgruppen benutzen und eher Verletzungen durch ruckartige Bewegungen oder Stürze davontragen als körperlich aktive Menschen, die ihrem Körper etwa durch Yoga, Tanz oder Sport genügend Bewegung verschaffen, um sich räumlich auszudehnen.

Zweitens führt die sitzende Lebensweise zu einem Übermaß an Erd- und Wasserenergien. Ein solches Ungleichgewicht verursacht wiederum ein Gefühl der Schwere und Entscheidungsunfähigkeit, ein übermäßiges Schlafbedürfnis und Depressionen. Durch die sitzende Lebensweise oder die Beschränkung auf einen sehr kleinen Radius »schrumpft« der physische Raum, den wir einnehmen, was uns schneller altern lässt. Eine der Hauptursachen des Alterns ist in der Tat das Schrumpfen des Körpers.

Machen Sie täglich verschiedene Körperübungen, um diesen »Schrumpfungs- und Alterungsprozess« aufzuhalten. Wenn Sie einmal pro Woche Sport treiben, heißt das nicht, dass Sie für den Rest der Woche inaktiv sein sollten. Ein gewisses Basistraining ist wichtig, um bei guter Gesundheit und in Form zu bleiben. Machen Sie wenigstens jeden Tag einen Spaziergang, um die Funktionen der Organe, Gelenke, Knochen und Muskeln zu unterstützen.

KAPITEL 5

SHIVA

ALS SCHNELLER HELFER IN DER NOT

Jeder Mensch sollte die Realität annehmen lernen, dass der Aufenthalt auf diesem Planeten nicht für die Ewigkeit, sondern zeitlich begrenzt ist. Es kommt der Tag, da jeder von uns diese Erde verlassen muss und dieses Wesen, mit dem wir uns identifizieren, zu existieren aufhört. Nur wenn wir diese Tatsache akzeptieren, können wir unser Leben wirklich meistern, denn Zeit ist ein wichtiger Faktor bei jedem »Management-Projekt«.
In jungen Jahren denkt man oft, das Alter sei für andere bestimmt und man selbst bliebe für immer jung. Im mittleren oder sogar im höheren Alter meint man dann, der Tod beträfe nur die anderen und man selbst würde ewig leben. Dieses Denken scheint dem Menschen angeboren und ist Teil von *maya*, der Illusion, alles in dieser materiellen Welt sei beständig.

Kurz gesagt: Organisation und Investition sind nur möglich, wenn wir die Infrastruktur dessen kennen, was wir organisieren müssen, und wenn uns klar ist, welchen Gewinn uns unsere Investition bringen kann.

So ist es für eine gute und gesunde Lebensführung zum Beispiel wichtig zu wissen, wie man geringfügigere Beschwerden und Krankheiten behandeln muss, damit sie nicht chronisch werden, oder wie man in solchen Fällen auf starke Medikamente mit entsprechenden Nebenwirkungen verzichten kann. Es folgen nun einige Beispiele, die Ihnen aufzeigen, wie man kleinere Abweichungen vom gesunden Zustand in den Griff bekommen kann.

Die Behandlung von Alltagsbeschwerden

Unsere erste und wichtigste Aufgabe ist es, unser physisches Selbst in gutem Zustand zu halten. Der Ayurveda-Arzt und Gelehrte Charaka schrieb im 6. Jh. v. Chr., der Erhalt des Lebens habe höchste Priorität. Mit anderen Worten, es geht darum, dass wir das Gleichgewicht von Körper und Geist mithilfe geeigneter Maßnahmen aufrechterhalten und alles zu ihrer Stärkung und Gesunderhaltung tun. Leben in Einklang mit der Zeitqua-

lität, innere und äußere Reinhaltung des Körpers und die regelmäßige Entgiftung mit einfachen Hausmitteln sind Maßnahmen, die dazu beitragen, dieses Gleichgewicht aufrechtzuerhalten.
Bei leichteren Beschwerden sollte man auf stark wirkende chemische Medikamente verzichten. Diese sind dem Notfall vorbehalten. Behandeln Sie beispielsweise eine einfache Erkältung oder einen Husten mit einfachen Anwendungen wie Öleinreibungen, Inhalationen und verschiedenen Tees aus Ingwer, Pfeffer, Basilikum etc. Sie können unterschiedliche Schmerzzustände mit der äußerlichen Anwendung schmerzlindernder Öle, verschiedenen Hitzeanwendungen und speziellen Massagen in den Griff bekommen.
Versuchen Sie, das Problem bei der Wurzel zu packen, und nutzen Sie die Heilkraft therapeutischer Yogaübungen. Im Folgenden beschreibe ich einige Hausmittel, die Ihnen die sanften ayurvedischen Heilmethoden nahebringen und die Sie problemlos selbst anwenden können.

Appetitmangel, Magenschmerzen, Kater

Das folgende einfache und wunderbare Rezept, genannt Zitronen-Ajwain, kann verschiedene Probleme mit dem Verdauungsfeuer oder *agni* beheben. Ajwain ähnelt dem Thymian in Geruch und Geschmack, aber hier werden nicht die Blätter, sondern die Samenkörner verwendet. In Europa bekommt man es in allen indischen Lebensmittelgeschäften.

Zutaten für Zitronen-Ajwain:
100 g Ajwain
50 ml Zitronensaft
1 EL Steinsalz

Ajwain in eine Schüssel mit Wasser geben. Steinchen und Erdklümpchen sinken auf den Boden, während die Samenkörner an der Oberfläche schwimmen. Fischen Sie diese mit einem Sieb aus dem Wasser und legen Sie sie auf einem sauberen, trockenen Tuch zum Trocknen aus. Verteilen Sie die getrockneten Samenkörner auf einem Teller und fügen Sie die Hälfte des Zitronensaftes und das Salz hinzu. Die Körnchen sollten ganz vom Zitronensaft bedeckt sein. Nach ein paar Stunden haben die Samenkörner einen Teil des Zitronensaftes aufgenommen und der Rest der Flüssigkeit ist verdunstet. Fügen Sie nun den übrigen Saft hinzu und rühren Sie alles mit einem Holzlöffel durch. Diese Mischung trocknet innerhalb von ein bis zwei Tagen (abhängig vom Wetter). Wenn die Ajwain-Samen absolut trocken sind, füllen Sie sie in ein sauberes, trockenes Glas. Nehmen Sie bei Bedarf ½ TL der Samenkörner ein, Sie können sie entweder langsam kauen oder mit etwas warmem Wasser schlucken.

Bei *Appetitlosigkeit* nimmt man ½ TL Zitronen-Ajwain kurz vor den Mahlzeiten mit etwas heißem Wasser ein.
Bei *Magenschmerzen* bringt ein halber Teelöffel Zitronen-Ajwain,

mit heißem Wasser eingenommen, sofortige Linderung. Falls die Beschwerden anhalten, können Sie die Einnahme wiederholen.
Haben Sie einmal *zu viel Alkohol* getrunken, sollten Sie sofort etwas unternehmen und nicht warten, bis Sie sich am nächsten Tag unwohl fühlen. Nehmen Sie in diesem Fall noch am selben Abend Zitronen-Ajwain in oben angegebener Dosierung ein. Sie werden keinen Kater bekommen. Das Mittel wirkt aber auch noch, wenn Sie bereits einen Kater haben.

Magenübersäuerung

Die Übersäuerung des Magens ist ein anderes weitverbreitetes Problem, aber es gibt ein paar Hausmittel, mit denen es relativ leicht zu beheben ist.
Eine Ernährungsumstellung wirkt sich hier ebenfalls positiv aus. Meiden Sie scharf gewürzte oder saure Speisen, auch saures Obst. Gleichen Sie sauren Geschmack mit salzigem, süßem und bitterem Geschmack aus.
Ein Glas kalte, gesüßte Milch nach den Mahlzeiten hilft, die Säure zu neutralisieren. (Es sollte Vollmilch sein.)

Zutaten für Nelken-Rosinen-Pillen:
10 g Nelken
30 g getrocknete Rosinen

Die Nelken zerstoßen, mit den Rosinen vermischen und dann in einem Mörser zerreiben. Falls die Zutaten zu trocken sind, können Sie noch etwas Honig hinzufügen. Aus dieser Paste rollen Sie nun zwischen den Handflächen kleine Pillen, die Sie mehrere Tage im Kühlschrank aufbewahren können. Dosis: Nehmen Sie nach jeder Mahlzeit ein bis zwei Pillen ein.

Halsentzündung und Erkältung

Das folgende Hausmittel wirkt bei Halsentzündung, Erkältung und Fieber und wird aus einfachen Küchenzutaten (Basilikum, Kardamom, Ingwer und Pfeffer) hergestellt. Der Tee besitzt schmerzlindernde und antivirale Eigenschaften.

Zutaten für schmerzlindernden Tee:
1 EL Ingwer (frisch und zerkleinert)
oder ½ TL getrockneter Ingwer
5 bis 6 schwarze Pfefferkörner
ca. 10 Basilikumblätter
5 Kardamom
Kandiszucker nach Belieben
600 ml Wasser

Alle Zutaten im Mörser zerstoßen und ins Wasser geben. Zum Kochen bringen und dann anschließend zugedeckt für ca. 15 Minuten auf kleiner Flamme köcheln lassen.

Zum Schluss können Sie etwas Kandiszucker hinzufügen. Trinken Sie alle vier Stunden eine große Tasse (ergibt drei große Tassen).
Setzen Sie sich weder der Kälte noch der Zugluft aus, nachdem Sie diesen heißen Tee getrunken haben.

Verstopfung

Verstopfung oder unvollständige Darmentleerung wird nicht als Krankheit betrachtet, ist jedoch die Ursache vieler Funktionsstörungen des Organismus. Sie führt allmählich zu einer inneren »Umweltverschmutzung« und kann Unruhezustände, Schlafstörungen und Albträume auslösen. Folgende Maßnahmen können Ihnen helfen, die Darmträgheit zu beheben:

- Trinken Sie morgens auf nüchternen Magen etwa 300 ml heißes Wasser und machen Sie danach möglichst ein paar Yogaübungen.
- Nehmen Sie zwei Mal täglich eine warme, flüssige Mahlzeit zu sich.
- Essen Sie vor allem abends Suppen.
- Trinken Sie ein Glas heißes Wasser vor dem Schlafengehen.
- Falls das Problem weiterbesteht, können Sie noch ein Glas heiße Milch mit zwei Teelöffeln Ghee oder Butter und etwas Kandiszucker trinken, bevor Sie zu Bett gehen.

SCHMERZBEHANDLUNG – INNERLICH

Schmerzen sind ein körperliches Warnsystem, das uns darauf hinweist, dass irgendetwas nicht in Ordnung ist. Finden Sie die Ursache Ihrer Schmerzen heraus. Behandeln Sie die Störung oder Krankheit, die dahintersteckt, anstatt die Symptome mithilfe von Schmerzmitteln zu unterdrücken.

Zusätzlich können Sie sich durch äußere Anwendungen Linderung verschaffen. Betrachten wir uns beispielsweise die Behandlungsmöglichkeiten bei Kopfschmerzen oder Migräne.

Ein gesunder Mensch sollte eigentlich überhaupt keine *Kopfschmerzen* bekommen. Um die verschiedenen Arten von Kopfschmerzen behandeln zu können, müssen wir ihre hauptsächlichen Ursachen betrachten: Verstopfung, Stress, Nervosität, Überaktivität, extreme Hitze oder Kälte sowie Lärm und Umweltverschmutzung.

Sorgen Sie deshalb zunächst einmal für regelmäßigen Stuhlgang und führen Sie von Zeit zu Zeit eine innere Reinigung (siehe Seite 62) durch, um sich von Schlacken und Giftstoffen zu befreien.

Eine andere Art von Kopfschmerzen beruht auf Nervosität oder wird durch übermäßige Lärmbelästigung, einen stressigen Lebensstil, Überaktivität und Sorgen verursacht. Um solche Kopfschmerzen loszuwerden, muss man versuchen, innerlich zur Ruhe zu kommen. Achten Sie darauf, möglichst leise zu sprechen. Schreien Sie nicht. Wenn Sie ein besonders großes Arbeitspensum zu bewältigen haben oder die Atmosphäre am Arbeitsplatz hek-

tisch ist, sollten Sie das nach Feierabend durch Ruhe und Entspannung zu kompensieren versuchen.
Beugen Sie auch chronischer Übermüdung vor, denn diese kann zu chronischen Beschwerden, verschiedenen Erkrankungen und auch zu schweren Unfällen führen. Schieben Sie Ihr Ruhebedürfnis nicht beiseite.

Als *Migräne* bezeichnen wir anfallartig auftretende extreme Schmerzen im Schläfenbereich, die gewöhnlich mit Übelkeit, Erbrechen, Reizbarkeit und starker Lichtempfindlichkeit einhergehen. Migräneattacken können auch halbseitig auftreten und die Schmerzen können bis in die Augen, den Kiefer oder die Ohren ausstrahlen. Oft glaubt man dann fälschlicherweise, eines dieser Organe sei erkrankt. Diese extremen, pochenden Schmerzen zwingen uns normalerweise zur Bettruhe.
Um Ihre chronische Migräne zu kurieren, müssen Sie lernen, den Schmerzanfall im Vorfeld abzuwenden. Das erfordert folgende Vorkehrungen:

- 🌷 Beobachten Sie, in welchen Situationen oder unter welchen Umständen in der Regel ein Anfall auftritt. Es gibt gewisse Anzeichen und Symptome, die Sie vor der drohenden Migräneattacke warnen.
- 🌷 Gönnen Sie sich so viel Ruhe wie möglich und vermeiden Sie alles, was diesen Schmerz auslösen könnte. Ein Migräneanfall kann beispielsweise durch eine Verbindung aus Angst und Stress, ein Gefühl der Hilflosigkeit oder Orientie-

rungslosigkeit bei gleichzeitig übermäßiger körperlicher Anstrengung ausgelöst werden. Letztere kann ganz unterschiedlicher Natur sein – zu viel oder zu lautes Sprechen, das Wohnen in Gegenden mit hohem Lärmpegel, Spaziergänge in der Mittagshitze, der Versuch, zu viele Dinge gleichzeitig zu erledigen, zu wenig Schlaf oder Erholungszeiten, zu langes Gehen oder Stehen usw. Es liegt an Ihnen, diese Faktoren zu vermeiden, die Sie allmählich in Richtung eines Migräneanfalls ziehen.

🌷 Verzichten Sie auf Ihre Körperübungen und vermeiden Sie jegliche Anstrengung, wenn Sie spüren, dass sich ein Migräneanfall ankündigt.
🌷 Trinken Sie viel Wasser und nehmen Sie leichte, nahrhafte Kost zu sich. Gemüse- oder Hühnersuppe sind besonders zu empfehlen. Meiden Sie fette, schwere Mahlzeiten, auch Gebratenes, und essen Sie stattdessen Salate und frisches Obst.
🌷 Sorgen Sie für eine vollständige Darmentleerung.
🌷 Machen Sie täglich Atemübungen (außer während eines Migräneanfalls).

Migränepatienten sollten ganz besonders auf ihre Ernährung achten, zu große Abstände zwischen den Mahlzeiten vermeiden und sich nicht »vollstopfen«. Genauso schädlich ist ein Übermaß an Alkohol oder der Konsum minderwertiger alkoholischer Getränke.

Trockene saure Weine und Spirituosen wie Whiskey oder Schnaps bereiten ebenfalls den Boden für einen Migräneanfall.

Schmerzbehandlung – äusserlich

Um sich bei Schmerzzuständen Erleichterung zu verschaffen, können Sie äußerlich aufzutragende Heilmittel wie Salben, Kräuterölmischungen und ätherische Öle anwenden. Sehr empfehlenswert sind auch äußerliche Hitzeanwendungen.

Zutaten für ein schmerzlinderndes Öl:
- 5 Teile Eukalyptusöl
- 1 Teil Anisöl
- 1 Teil Nelkenöl
- 1 Teil Mentholkristalle
- 1 Teil Kampfer

Die Zutaten in eine Flasche füllen, gut schütteln und das Öl zum »Reifen« etwa 10 Tage lang stehen lassen.
Schütteln Sie die Flasche von Zeit zu Zeit.
Dann können Sie das Öl auf schmerzende Stellen auftragen.
Achtung: Nicht auf offene Wunden auftragen oder in die Nähe der Augen bringen.
Dieses Öl ist auch sehr wirksam bei Bronchitis. Tragen Sie es auf Brust und Rücken und auf den Nacken auf.
Außerdem können Sie es bei Erkältung oder verstopfter Nase zum

Inhalieren verwenden. Dazu geben Sie ein paar Tropfen auf eine Schüssel mit kochendem Wasser.

Schmerzbehandlung – durch Hitze

Diese einfache Methode bringt bei bestimmten Schmerzzuständen eine erstaunliche und vor allem rasche Linderung. Im Ayurveda kennt man verschiedene Arten von Hitzebehandlungen, die in zwei Hauptkategorien eingeteilt werden: trockene und feuchte Hitze.
Die *trockene Hitzeanwendung* (mit einer Bratpfanne oder einem Ziegelstein) ist vor allem bei Muskel- und Gelenkschmerzen sehr wirksam. Wenn Sie unter chronischen Rückenschmerzen oder anderen Schmerzen leiden, die besonders morgens nach dem Aufstehen auftreten, können Sie sich selbst mit einer leichten Bratpfanne behandeln. Tragen Sie dazu Baumwollkleidung und pressen Sie die moderat erhitze Pfanne auf den betroffenen Bereich. Erhitzen Sie die Pfanne nur so stark, wie Sie es gut vertragen. Wiederholen Sie die Anwendung mehrmals. Denken Sie daran, dass Sie sich während dieser Behandlung nicht der Zugluft aussetzen dürfen.
Die *feuchte Hitzeanwendung* eignet sich zur Behandlung von Muskelermüdung und Muskelschmerzen, die auf Überbeanspruchung zurückzuführen sind. Für diese einfache Behandlung tauchen Sie ein Handtuch in heißes Wasser, wringen es aus und legen es auf die schmerzende Stelle. Wiederholen Sie diesen Vorgang mehrmals. Besonders effektiv ist diese Behandlung, wenn Sie dem heißen Was-

ser ein paar Tropfen des oben beschriebenen schmerzlindernden Öls hinzufügen.

Wie allgemein bekannt, kann man eine Behandlung mit trockener und feuchter Hitze auch in einer Sauna oder einem Dampfbad durchführen. Dabei ist gemäß der ayurvedischen Lehre allerdings zu beachten, dass man sich nach der Hitzeanwendung, vor allem bei einer Schmerzbehandlung, niemals der Zugluft oder Kälte aussetzen darf. Denn das würde die Energien aus dem Gleichgewicht bringen und zu Steifheit in verschiedenen Körperbereichen führen. Nach der Hitzeanwendung in der Sauna oder dem Dampfbad sollten Sie gut zugedeckt ruhen.

KAPITEL 6
SHIVA
ALS HERR ÜBER LEBEN UND TOD

Ein wichtiger Aspekt unserer Lebenszeit ist natürlich unser Alter. In diesem dynamischen, sich stets wandelnden Kosmos müssen wir lernen, in Einklang mit den unterschiedlichen Lebensphasen zu sein und uns an die Bedingungen unseres jeweiligen Alters anzupassen. Dabei müssen wir zwei Ebenen betrachten: die körperliche und die soziale. In beiden Fällen sprechen wir von vier Lebensabschnitten.

	Körperliche Ebene	Soziale Ebene
Erster Lebensabschnitt	Kindheit: 0 bis 16 Jahre	0 bis 25 Jahre
Zweiter Lebensabschnitt	Jugend: 17 bis 50 Jahre	25 bis 50 Jahre
Dritter Lebensabschnitt	Mittl. Alter : 51 bis 70 Jahre	51 bis 70 Jahre
Vierter Lebensabschnitt	Hohes Alter: ab 71 Jahre	ab 71 Jahre

DER KÖRPERLICHE ASPEKT

Die Kindheit ist eine Zeit des Wachsens und Reifens, bis der Mensch allmählich den zweiten Lebensabschnitt erreicht und dann körperlich und geistig nicht mehr so zart und zerbrechlich ist wie als Kind.

Auf der körperlichen Ebene wird die Wasser- und Erdenergie (Kapha), die für den Aufbau des Körpers zuständig ist, allmählich durch die Feuerenergie (Pitta) ersetzt. Das heißt also, dass in der Kindheit Kapha vorherrscht, während in der Jugend Pitta dominiert. Kapha ist feucht und kühl, Pitta ist heiß.

Beim Übergang von der Jugend zum mittleren Alter nimmt Pitta allmählich ab und Vata nimmt zu. Vata ist trocken und kühl und wird mit dem Element Äther (Raum) und Luft assoziiert.

In der *Kindheit* schadet ein Übermaß an fetten und süßen Speisen der Gesundheit. Außerdem sollten Kinder aktiv und viel in Bewegung sein. Wenn man diese Dinge nicht beachtet, werden das Wachstum und die natürliche Entwicklung des Kindes durch Übergewicht und körperliche Trägheit beeinträchtigt.

In der *Jugend* führt der übermäßige Verzehr von Hitze erzeugenden Nahrungsmitteln zu Haarausfall, Hautreizungen, Pickeln, Ausschlägen und Bläschen in der Mundschleimhaut. Zu den hitzeerzeugenden Lebens-

mitteln zählen unter anderem Eier, die meisten Fleischsorten (besonders Schweinefleisch), Chilis, Pfeffer und alle anderen scharfen Gewürze.

Im *mittleren Alter* braucht der Körper Wärme und »Schmierung«: regelmäßige Einreibungen mit Öl, warme Bäder, Dampfbäder, Nahrungsmittel, die die Geschmeidigkeit des Organismus fördern, sowie angemessene körperliche Aktivität, bei der sich der Körper ausdehnen kann. Diese Maßnahmen helfen, bis ins hohe Alter geschmeidig, stark und gesund zu bleiben.

Natürlich muss bei alldem immer auch die individuelle Konstitution berücksichtigt werden. Sie besagt, dass bei jedem Menschen ein oder zwei der oben genannten Energien überwiegen, und diese sind die Basis der individuellen Konstitution. Diese Konstitution ist angeboren und hat so viele verschiedene Variationen, wie es Menschen auf der Erde gibt.

Der soziale Aspekt

Die individuelle Lebenszeit wurde von den alten Weisen des Ayurveda in vier Abschnitte eingeteilt. Manche ihrer Aussagen mögen für den modernen Menschen vielleicht befremdlich klingen, doch die dahinter liegende Wahrheit ist zeitlos.

Der erste Lebensabschnitt sollte dem Lernen vorbehalten sein. Es geht also um den Erwerb von Wissen aus verschiedensten Quellen. In diesem Lebensabschnitt sollte man noch nicht sexuell aktiv sein.

Während *des zweiten Lebensabschnitts*, der mit dem 25. Lebensjahr beginnt, sollte man sich der Familiengründung widmen und sich sein Leben in allen Bereichen gut und angenehm einrichten.
Im dritten Lebensabschnitt, also ab dem 50. Lebensjahr, ist es wichtig, sich allmählich den geistigen Aspekten des Lebens zuzuwenden und sich nicht mehr so sehr mit den weltlichen Belangen zu identifizieren, zu denen auch unsere Beziehungen zu nahestehenden Menschen gehören.
Während *des vierten Lebensabschnitts*, der mit dem 75. Lebensjahr beginnt, sollte man sich mit ganzer Aufmerksamkeit dem spirituellen Weg widmen. Nun muss man endgültig akzeptieren, dass dies die Zeitspanne ist, in der man die Erde verlässt. Deshalb ist es wichtig, sich auf einen würdevollen Abschied vorzubereiten.
Viele der eben genannten Aspekte können uns auch heute noch im Hinblick auf die Bewältigung und Führung unseres Lebens inspirieren. Das Hauptproblem des modernen Menschen ist sein exzessives Streben nach weltlichem Komfort, Wohlstand und Erfolg. In diesem »Hamsterrad« ignorieren wir die höchste Priorität des Lebens: dafür zu sorgen, dass wir bei guter Gesundheit bleiben und in einem optimalen energetischen Zustand sind.
Außerdem herrscht ein großer Mangel an Wissen über die subtileren Aspekte des Lebens, zu denen auch die angemessene Vorbereitung auf das Verlassen dieser Erde gehört.
Für eine ganzheitliche Lebensführung gebe ich folgende Empfehlungen, die Sie natürlich Ihrer individuellen Lebenssituation und Lebensphase anpassen müssen.

🌷 Fangen Sie an, in Ihre Gesundheit zu investieren, das heißt, Maßnahmen zu ergreifen, die der inneren Reinigung, der Verhütung von Krankheiten und der Aufrechterhaltung eines hohen Energieniveaus dienen. Das sollte in allen Lebensabschnitten bis zum Ende unseres Lebens auf dieser Erde Ihr vorrangiges Ziel sein.

🌷 Gestalten Sie Ihr Leben wie von den Ayurvedalehrern beschrieben im Rahmen der vier Lebensabschnitte. Widmen Sie im ersten Lebensabschnitt Ihre ganze Aufmerksamkeit dem Lernen und versuchen Sie, auf dem Weg, für den Sie sich entscheiden, Ihr Bestes zu geben.

🌷 Versuchen Sie im zweiten Lebensabschnitt unbedingt ein Gleichgewicht zwischen dem Familienleben und Ihren beruflichen Aktivitäten oder Hobbys herzustellen. Stellen Sie Ihre Gesundheit niemals hintenan. Tun Sie alles, um sich Ihre Vitalität und Lebenskraft zu erhalten.

🌷 Beim Übergang in den dritten Lebensabschnitt haben Sie sich bereits eine »Infrastruktur« aufgebaut. Überlegen Sie gut, bevor Sie neue Projekte beginnen, die Ihnen vielleicht in Zukunft viel zusätzlichen Stress bereiten. Wenn es unumgänglich ist, sollten Sie Ihr Leben neu organisieren und einige andere Aktivitäten beenden. Zu viele Aktivitäten überlasten uns und das rächt sich an unserer Gesundheit. In diesem Lebensabschnitt brauchen wir mehr Stille und mehr Ruhepausen und müssen ganz besonders auf eine ausgewogene Ernährung und ausreichend Bewegung achten.

❧ In der zweiten Hälfte des dritten Lebensabschnitts sollten Sie sich mehr Zeit für Behandlungen wie Öleinreibungen und Massagen nehmen und sich, falls möglich, hin und wieder eine Regenerationskur in einem ganzheitlichen Gesundheitsinstitut gönnen. Das hilft Ihnen, körperlich und geistig jung zu bleiben. Fangen Sie an, sich von Dingen zu trennen, die Sie angesammelt haben, vor allem von solchen, die Sie nie benutzen oder brauchen. Vergessen Sie nicht, dass andere einmal all diese Dinge entsorgen müssen, wenn Sie diese Erde verlassen. Man sollte keine Unordnung hinterlassen.

❧ Im letzten Lebensabschnitt sollten Sie darauf bedacht sein, sich aus dem hektischen Treiben der Welt zurückzuziehen und in Ruhe und Frieden zu leben. Damit ist ein geistiger Zustand gemeint. Es bedeutet nicht, dass Sie allein leben oder einsam sein sollen. Versuchen Sie, mit dem zufrieden zu sein, was Sie im Leben erreicht haben, und hadern Sie nicht, weil Sie einiges vielleicht nicht erreichen konnten. Sie können das Rad der Zeit nicht zurückdrehen und das Bedauern über eventuell verpasste Gelegenheiten bringt Sie nicht weiter, sondern vergällt Ihnen nur Ihre letzten Lebensjahre.

❧ Richten Sie Ihre Energie in diesem Lebensabschnitt auf Ihr Inneres. Bitten Sie darum, dass all Ihre Sinnesorgane bis zuletzt gut funktionieren und dass Ihnen ein würdiger Abschied von dieser Welt vergönnt ist.

WERDEN SIE ALT UND WEISE, NICHT ALT UND SENIL.

In den vedischen Schriften wird Langlebigkeit nicht ausschließlich über die Anzahl der Lebensjahre definiert. Es gibt zwei Arten oder Kategorien von Alter: *vridha* und *jara.* Vridha bedeutet, dass man alt wird, aber gesund bleibt, während Jara ein Altwerden mit verschiedenen gesundheitlichen Problemen und Krankheiten beschreibt. Man sollte also anstreben, mit Vridha zu altern und nicht in den Zustand des Jara zu verfallen.

🌷 Ölbehandlungen kräftigen die Muskeln und Knochen und machen sie widerstandsfähig.

🌷 Wenn Sie sich ein langes Leben wünschen, sollten Sie alles dafür tun, dass Ihre fünf Sinne und deren Kontrollorgan, das Gehirn, gut in Form bleiben. So wie Sie Ihr Haus oder Ihre Wohnung durch Renovierungsarbeiten verschönern und in Ordnung halten, sollten Sie auch daran denken, dass es notwendig ist, Zeit, Geld und Energie in Maßnahmen zur Regeneration Ihres Körpers zu investieren.

🌷 Lernen Sie, immer auf sein Wohlergehen zu achten, und nicht nur dann, wenn er durch Warnsignale in Form von Schmerzen oder Krankheiten auf sich aufmerksam macht.

🌷 Schenken Sie jedem Organ und jeder Funktion Ihres Körpers[6] genügend Beachtung, denn sie sollen ihre Aufgabe ja lange Zeit reibungslos erfüllen.

EIN REIBUNGSLOSER ENERGIEFLUSS
FÜR EIN LANGES LEBEN

Um lange zu leben und bei guter Gesundheit alt zu werden, müssen Sie dafür sorgen, dass die Energie in Ihrem Organismus frei und ungehindert fließen kann. Wie bereits erwähnt, ist unser Körper ein Mikrokosmos. Wenn man die Vorgänge in der Natur beobachtet und erkennt, auf welche Weise Blockaden Katastrophen auslösen, versteht man, was mit »Energiefluss« gemeint ist. Stellen Sie sich vor, was passiert, wenn man einen Fluss blockiert und damit am Fließen hindert: Er tritt über die Ufer, überschwemmt die nahe gelegenen Dörfer und Felder und richtet in Flora und Fauna enorme Zerstörung an. Genauso zerstörerisch wirkt sich andererseits der Wassermangel in jenen Bereichen aus, die das Wasser aufgrund der Blockade nicht mehr erreichen kann. Wenn wir das natürliche Fließen des Flusses verhindern, sind die Auswirkungen verheerend.

Unser Körper ist von Energiekanälen durchzogen, die man mit den Flüssen in der Natur vergleichen kann. Wir haben Arterien, Venen, Lymphbahnen und Nervenkanäle. Darüber hinaus gibt es fein-

[6] In der vedischen Tradition bezieht sich das Wort »Körper« (*sharira*) auf unser gesamtes physisches Sein, das auch das Denken, das Gemüt und unsere Intelligenz (Unterscheidungsvermögen, *buddhi*) einschließt. Der Körper beginnt, sich zum Zeitpunkt des Todes aufzulösen, weil der Grund seiner Existenz – seine Seele – ihn verlässt. An diesem Punkt verlässt auch das Bewusstsein dieses individuellen Menschen den Körper. Der Körper, der ohne die Seele nicht weiterleben kann, zerfällt und die fünf Elemente, aus denen er besteht, werden wieder eins mit der kosmischen Substanz. Die individuelle Seele ist mit den Resultaten des Karmas aus dem vorherigen Leben behaftet und wird zum für sie richtigen Zeitpunkt wiedergeboren.

stoffliche Energiekanäle und besondere Vitalpunkte, marmas genannt. Stellen Sie sich vor, Sie könnten einen Blick in Ihren Körper werfen: Sie würden sehen, dass alle Körperzellen über diese Energiebahnen miteinander verbunden sind. Diese Kanäle versorgen also alle Bereiche des Körpers mit Lebenskraft. Deshalb wirkt sich auch jede Blockade katastrophal aus.

Damit die Energie frei fließen kann, sollten wir uns an bestimmte Ernährungsrichtlinien und Empfehlungen in Bezug auf körperliche Bewegung (Yogaübungen) halten und regelmäßig verschiedene Maßnahmen durchführen, um die inneren Organe zu reinigen. Wir dürfen Energieblockaden nicht chronisch werden lassen, denn sie führen dann auf der physischen und psychischen Ebene zu ernsthaften Erkrankungen wie Bluthochdruck, Herzkrankheiten, Schlaganfällen, psychischen Störungen und verkürzen letztendlich unser Leben. Menschen, die beispielsweise innerlich ständig unter Stress und Anspannung stehen und viel sitzen, entwickeln das Krankheitsbild Arteriosklerose (Arterienverkalkung), bei dem der Blutfluss in den Arterien durch Ablagerungen allmählich blockiert wird. Im Halsbereich schränken solche Blockaden die Blutversorgung des Gehirns ein, was zu Gedächtnisverlust und anderen mentalen Störungen führt.

Wollen Sie also alt und weise werden, müssen Sie in Ihre Gesundheit investieren, den Organismus rein halten und verhindern, dass sich Energieblockaden aufbauen. Ein langes Leben bedeutet, dass Sie als der individuelle Mensch, der Sie jetzt sind, mehr Zeit auf dieser Erde verbringen können. In diesem Sinne besteht Shivas Ge-

heimnis darin, dass Sie Freundschaft mit Kala – der Zeit – schließen, indem Sie Ihre Lebensweise in Einklang mit der kosmischen Zeit bringen, wie ich dies schon mehrfach erläutert habe.

Shiva als Herrscher über den Gott des Todes

Shiva ist der Gott der Ewigkeit. Er ist der Herrscher über Yama, den Gott des Todes. Wenn unsere Zeit gekommen ist, ist es Yama, der die Seele vom Körper trennt. Der Mensch stirbt.
Gebete, die wir an Shiva richten, können diesen Prozess aufhalten. Dies zeigt die Geschichte von Shiva und Markande, einem weisen Mann. Seine Hingabe an Shiva war so tief, dass sie die ewige kosmische Energie wachrief und Shiva dem Gott des Todes mit seinem mächtigen Bein einen Tritt versetzte. Das Shiva-Mantra, mit dem wir uns mit der Bitte für Gesundheit und ein langes Leben an Shiva richten können, haben wir bereits im ersten Kapitel dieses Buchs kennengelernt (Mahamritanjaya-Mantra, siehe Seite 13).
Shiva hilft uns nicht nur, ein Leben in Schönheit und Gesundheit zu führen, sondern auch, diese Welt in Würde zu verlassen. Deshalb wird Shiva auch der Überwinder des Todes genannt. Shiva ist der Klang, die Schwingung, die Schönheit, der Widerhall und der Tanz. Er ist die Essenz des Lebens in Shakti oder ist manifest durch Shakti – und Shakti sprüht vor Leben durch Shiva.
Der Zeitpunkt des Todes ist jener Moment, in dem diese Verbindung zwischen Shiva und Shakti aufgehoben wird. Wenn eine Seele

(ein Teil Shivas, der kosmischen Energie) den Körper (ein Teil Shaktis, der kosmischen Substanz) verlässt, sind alle Aktivitäten dieses individuellen Menschen zu Ende. Obwohl der Körper physisch noch präsent ist, ist kein Leben mehr in ihm, das heißt, die Energie, die ihn mit Klang, Schwingung, Schönheit, Rhythmus und Resonanz verband, ist nicht mehr vorhanden. Der Körper ist nicht mehr lebendig. Er zerfällt und wird wieder zu einem Teil des größeren Ganzen der kosmischen Substanz. Die fünf Elemente (Äther, Luft, Feuer, Wasser und Erde), aus denen sich der physische Körper zusammensetzt, gehen wieder in ihr jeweiliges Element ein. Dieses individuelle Wesen, das wir Lebenden unter einem bestimmten Namen kannten, hört für uns auf zu existieren. Und so hört jeder von uns auf zu existieren – eines Tages, früher oder später.

Indem wir den Lauf der Zeit akzeptieren, verstehen wir auch, dass es wichtig ist, sich auf einen guten Tod vorzubereiten.

Für einen friedvollen Abschied von dieser Erde sind folgende drei Punkte wichtig:

- Akzeptieren Sie, dass das Leben eine Spanne zwischen Geburt und Tod ist.
- Der Tod ist das letztendliche Ziel unseres Daseins auf dieser Erde.
- Wenn Sie die ersten beiden Punkte verinnerlicht haben, können Sie sich auf einen würdigen Abschied vorbereiten.

Der erste Punkt sollte Kindern schon von klein auf vermittelt werden. Früher lernten die Kinder dies ganz natürlich, indem sie die

Realität des Lebens unmittelbar beobachten konnten. Doch da die meisten von ihnen heutzutage in Kleinfamilien aufwachsen, ist das nicht mehr möglich. Im Westen ist der Tod schon lange nicht mehr ein Teil des Familienlebens. Er geschieht in Krankenhäusern und die Toten werden in Leichenhallen aufgebahrt. Kinder, die auf dem Land leben, kommen manchmal noch direkt mit dem Tod in Berührung, wenn beispielsweise ein Haustier oder ein anderes Tier stirbt. Doch auch dort wird der Tod inzwischen auf ähnliche Weise tabuisiert wie in der Stadt.

Um das psychische Trauma zu vermeiden, das ein plötzlicher oder vorzeitiger Tod bei Nahestehenden auslösen kann, und etwas über die tieferen Zusammenhänge des Lebens zu lernen, ist die frühe Auseinandersetzung mit dem Tod genauso wichtig wie das Wissen über alle anderen Aspekte des Lebens. Man sollte mit dieser Auseinandersetzung nicht warten, bis man alt oder dem Tode nahe ist. Ist einem dieses Wissen von Kindesbeinen an vertraut, kann man das Alter ohne Bedauern annehmen. Die Ablehnung von Alter und Tod führt bei vielen Menschen zu einer großen Frustration. Sie werden reizbar und unzufrieden und manchmal zu einer Belastung für die jüngeren Familienmitglieder. Außerdem sind Frustration und Unzufriedenheit die Ursache vieler Erkrankungen.

Alles im Kosmos ist ein Kreislauf: Was neu ist, wird alt und zerfällt. Es ist das dynamische Wesen Shivas (oder der Energie), das die kosmische Substanz belebt. Nichts ist statisch. Das Leben ist eine Reise zwischen Geburt und Tod, ein natürlicher Prozess wie das Heranreifen eines Kindes zum Erwachsenen. Wenn Sie lernen, die-

sen Teil des Lebens zu akzeptieren, werden Sie Freude an der dynamischen Natur des Kosmos haben. Fehlt Ihnen diese Einsicht, werden Sie sich immer unsicher fühlen und Angst vor dem Tod haben.

Unbewusst akzeptieren manche Menschen den Tod noch nicht einmal dann, wenn sie über ihr eigenes Sterben sprechen. Eine ältere Dame war aus verschiedenen Gründen sehr wütend auf ihre Tochter und sagte zu ihrem Sohn, sie wolle die Tochter nicht bei ihrer Einäscherung sehen. Dass sie sterben würde, war ihr klar, doch konnte sie offensichtlich nicht akzeptieren, dass damit auch das Ende ihrer Sinneswahrnehmung verbunden war – jener Organe, mit denen wir die weltlichen Freuden wahrnehmen.

Es gibt Bäume, die im Frühling blühen und gleichzeitig ihre Blätter abwerfen. Zu Beginn der Blüte verlieren ihre Blätter bereits die Farbe und wenn sie in voller Blüte stehen, sind alle Blätter abgefallen und der Baum hat nur noch Blüten und Knospen. So ist der Tod. Wir müssen irgendwann gehen, um Platz für andere zu machen.

Yogaübungen zur Vorbereitung auf den Tod

Patanjali, der Begründer der Yogalehre, hat verschiedene Wege zur Meditation und zum Erreichen eines höheren Bewusstseins beschrieben. Bei einer dieser Methoden lässt man die eigene Identität mit der Natur verschmelzen. Man kann dies immer wieder üben, indem man in die Lebendigkeit und Schönheit der Natur eintaucht. Ich möchte diese Meditationstechnik am Beispiel eines Wasserfalls verdeutlichen. Sie können Sie jedoch genauso gut in einem Wald anwenden oder sich mit Vogelgezwitscher, Regen, Wind oder etwas anderem verbinden.

🌱 Stellen Sie sich neben einen Wasserfall und beobachten Sie, mit welcher Kraft das Wasser herabstürzt. Öffnen Sie sich ganz dem Geräusch des Wassers. Spüren Sie die Lebendigkeit der kosmischen Kräfte und »lösen« Sie sich im Klang, in der Schwingung, der Schönheit und dem Rhythmus des Kosmos »auf«.

🌱 Erfreuen Sie sich an der Verbindung von Shiva und Shakti. Mit jedem lebendigen Atemzug haben Sie über all Ihre Sinne und Ihr Bewusstsein an der Freude dieser Vereinigung teil. Diese Verschmelzung ist die Basis des Lebendigseins. In diesem Augenblick lassen Sie den Kosmos Ihres eigenen Seins mit dem größeren Kosmos von Shiva und Shakti verschmelzen.

🌱 Wenn Ihre Konzentration nachlässt, schütteln Sie den Kopf und konzentrieren sich erneut.

Durch regelmäßiges Üben wird es Ihnen gelingen, Ihre Verbindung zur Natur immer länger aufrechtzuerhalten. Diese meditative Praxis kann Sie schließlich in die Lage versetzen, Ihr physisches Sein zu befreien und durch Erkennen der Wirklichkeit zum höchsten Bewusstsein zu erwachen. Sie werden in Ihrem Inneren die beiden

Realitäten erfahren, die die materielle Welt und Ihr Wesen trennen.

Wenn Sie diese Übung regelmäßig praktizieren, erwacht die innere Weisheit und Sie verstehen die Geheimnisse der Natur allmählich ganz von selbst. Diese Übung wird Ihnen im Leben und beim Sterben helfen. Sie lernen Ihren Körper besser kennen und entwickeln intuitive Weisheit.

GEBETE

Nach der vedischen Tradition sollten wir morgens nach dem Aufstehen Folgendes tun:

Wir bitten die Sonne um Segen für ein langes, gesundes Leben und danken ihr für den neuen Tag.
Um den Segen der Sonne bitten wir auch für unsere fünf Sinne, denn wir wünschen uns, dass sie bis zum Ende unseres Lebens gut funktionieren.

Die Sonne ist das Symbol für Kala, die Zeit: Wenn wir sterben, sehen wir am nächsten Tag die Sonne nicht mehr.

Diese kleine morgendliche Zeremonie hilft Ihnen, sich auf ein besseres Leben und einen guten Tod vorzubereiten. Sie macht Ihnen Ihr eigenes Sein bewusst, sodass Sie nicht mehr wie eine Maschine funktionieren, wie es die meisten von uns heutzutage tun. Gleich-

zeitig erinnert sie Sie an das Ende des Lebens und an den Tag, an dem die Sonne für Ihr individuelles Selbst nicht mehr existiert. Im vierten Lebensabschnitt sollten Sie zu diesem kurzen Gebet noch die Bitte hinzufügen:

> *Möge ich diese Erde gesund und glücklich verlassen.*
> *Möge mein Ende frei von Leid und Schmerz sein.*

Ist der Tod vorherbestimmt?

Hierüber gibt es zwei unterschiedliche Meinungen. Aus ayurvedischer Sicht ist der Tod nicht vorherbestimmt. Würde man davon ausgehen, wäre jede medizinische Versorgung, ja das gesamte Gesundheitssystem völlig überflüssig. Zweitens steht die deterministische Sichtweise im Widerspruch zur Karma-Theorie. Wir tun Dinge (Karma), die uns gesund erhalten und uns ein langes Leben ermöglichen, oder solche, die unsere Gesundheit ruinieren. Die Resultate dieses Handelns zeigen sich unmittelbar. Jemand, der viel Alkohol trinkt, steuert ganz offensichtlich auf Krankheit und einen frühen Tod zu. Beschließt er oder sie, mit dem Trinken aufzuhören und Präparate einzunehmen, die die Leber regenerieren, kann dieser Mensch sein negatives Karma auflösen.

Wir sollten nie nachlassen und alles daransetzen, um bis ins hohe Alter gesund und vital zu bleiben. Dieses Karma (Handeln) zahlt sich zu gegebener Zeit in Form von Energie und zusätzlicher Le-

benszeit aus. Natürlich spielt auch das Karma aus dem vorherge-
henden Leben eine Rolle. Das Karma der Gegenwart kann dazu beitragen, das Karma des vergangenen Lebens zu ändern (zu
verringern oder zu verstärken).

DAS ENDE DES LEBENS

In der Charaka Samitha, einem uralten Ayurveda-Text (6. Jh. v. Chr.),
wurde auch das natürliche Ende des Lebens und der vorzeitige Tod
behandelt. Agnivesha fragte seinen Lehrer Atreya, wieso es einen
natürlichen und einen vorzeitigen Tod geben könne, wenn die Lebensdauer nicht festgelegt sei. Atreya verglich die Lebensdauer mit
der Achse eines Rades. Wenn die Achse gut gepflegt und geölt wird,
die Straßen eben sind, der Wagen nicht überladen ist und geschickt
gelenkt wird, verschleißt die Achse nur langsam – sie hat eine hohe
Lebensdauer. So ähnlich ist es auch mit dem Körper: Ein gut ge-
pflegter Körper erreicht ein hohes Lebensalter. Ölt man die Achse
allerdings nicht, überlädt man den Wagen, lenkt man ihn unge-
schickt und sind die Straßen holprig, bricht die Achse irgendwann
während der Fahrt. So wird auch ein Mensch mitten aus dem Leben
gerissen – durch Überlastung, unregelmäßige Mahlzeiten, falsche
Ernährung, schlechten Umgang, die Unterdrückung natürlicher Be-
dürfnisse, das Ausleben schädlicher Impulse wie Wut, Anhaftung,
Habgier, durch Umweltverschmutzung, die falsche Behandlung von
Krankheiten und Verletzungen. Ein solcher Tod wird als vorzeitig
bezeichnet.

Eine gute, gesunde Lebensführung sorgt für eine angenehme Lebensreise und hilft uns, diese Welt würdevoll zu verlassen. So trägt das gegenwärtige Karma oder alles, was wir dafür tun, um gut in Form zu bleiben, Früchte: für ein gutes Leben und einen guten Tod.

AUM SHANTI

WIDMUNG

Dieses kleine Buch widme ich meinem Ayurveda-Lehrer Acharya Priya Vrat Sharma. Ayurveda war sein Leben. Neben seinen zahlreichen Veröffentlichungen über ayurvedische Pharmakologie beleuchtete er mit seinen Übersetzungen der wichtigsten ayurvedischen Texte von Charaka und Sushurata die gesamte Geschichte des Ayurveda von ihren Anfängen in vedischer Zeit. Außerdem schrieb er mehrere Bücher, die sein eigenes Verständnis von Ayurveda widerspiegeln. Sein letztes Werk »My Six Decades of Ayurveda« (Meine sechzig Jahre mit Ayurveda) ist sein letztes kostbares Geschenk an die Menschheit, das uns Antworten auf alle Fragen über Ayurveda gibt, die sich in unserer heutigen Zeit stellen.

DANK

Zunächst möchte ich Professor Dharmanand Sharma meinen tiefen Dank aussprechen. Er versorgte mich mit umfangreichem Referenzmaterial und gab mir wertvolle Anregungen. Sein profundes Wissen über die vedische Tradition und seine Großzügigkeit erleichterten mir die Arbeit an diesem Buch beträchtlich.

Auch meiner Lektorin Sabine Jaenicke danke ich, denn sie begeisterte mich für die Idee, dieses Buch zu schreiben. Ich habe zwar bereits 18 Bücher über verschiedene Gesundheitsthemen veröffentlicht, aber Sabine war der Meinung, dass wir, um vielen Menschen eine natürliche Lebensweise nahezubringen, ein kleines, für jeden leicht verständliches Buch mit einfachen Methoden und Hausmitteln brauchen. Ich hoffe, dass dieses Büchlein diesen Zweck erfüllt.

Weitere auf Deutsch erschienene Bücher der Autorin:

Kamasutra für Frauen. Körperbewusstsein, Sinnlichkeit und Erfüllung, Bern 1994.

Ayurveda. Der sanfte Weg zur inneren Harmonie (Ernährung, Sexualität, Heilung), Bielefeld 1993, letzte Ausgabe 2006.

Ayurveda. Der Weg des gesunden Lebens, Bern 1992, letzte Ausgabe 2005

Gesund und vital durch Ayurveda, Bern 1995.

Ayurveda. Gesund und erfolgreich im Alltag und Beruf, Krummwisch 1997.

Naturlich leben mit Yoga. Ein Neun-Wochen-Programm, 1988, letzte Ausgabe 2000.

Gesundheit durch Yoga und Ayurveda. Patanjalis Yoga-Sutras und ihre Anwendung auf Ayurveda, Krummwisch 1998.

Das Ayurveda-Programm für jeden Tag: Ganzheitlich gesund und schön mit den Ratschlägen der »First Lady of Ayurveda«, München 2002.

Die Lebensküche: Meine besten Ayurveda-Rezepte. Die Grundzüge der ayurvedischen Esskultur, München 2002.

Weshalb Pfeffer beim Sex hilft. Mit Ayurveda zu erfüllter Partnerschaft, München 2002.

Das Ayurveda Schönheitsbuch. Das indische Heilwissen über die Schönheit von innen für Frauen und Männer, München 2003.

Abnehmen und schlank bleiben mit Ayurveda. Wunschgewicht und jugendliche Ausstrahlung mit den Ratschlägen der »First Lady of Ayurveda«, München 2005.

Ernährung für Hunde aus ayurvedischer Sicht, GBI 2007.

AUM, Die unendliche Energie, Sheema Medien, 2008.

Pulsdiagnose in der Chinesischen und Ayurvedischen Medizin, Schiedlberg 2009.

VORTRÄGE, SEMINARE UND AUSBILDUNGS-PROGRAMME:

Nähere Informationen über die Charaka School of Ayurveda
sowie unsere anderen Programme in Indien und Europa finden Sie
auf unserer Website: www.ayurvedavv.com
The Ayurveda Health Organization
A-130, Sector 26, Noida 201301, U.P., Indien
Tel.:0091(0)120 2527820 oder (0)9873704205 oder (0)9412224820
E-Mail: ayurvedavv@yahoo.com oder drvinodverma@dataone.in
http://www.ayurveda-portal.de/vverma.swf

KONTAKT IN EUROPA:

Michael Röslen
Berufsverband Unabhängiger Gesundheitswissenschaftlicher
Yoga-LehrerInnen (BUGY)
Tel./Fax: 0049(0)5508 92135
E-Mail: bugyoga@t-online.de

REGISTER DER ANWENDUNGEN

Abendtee für das Nervensystem 72
Abführmittel, mildes 62
Atemübung für innere Ruhe 70 f.
Bewegung gegen Alterung 74 f.
Blutreinigungsmittel 17 f.
Entgiftung des Körpers 16 f.
Fasten der »neun heiligen Nächte« 58 f.
Gebete 18, 20, 104 f.
Geistige Stärkung 68
Heilmittel zur Steigerung der Gedächtnisleistung 73 f.
Hitzeanwendung bei Muskel- und Gelenkschmerzen 88
Hitzeanwendung bei Überbeanspruchung der Muskeln 88
Migräneanfall, Vorsorge bei 86
Nelken-Rosinen-Pillen gegen Magenübersäuerung 80 f.
Nüsse in Honig zur Nervenstärkung 72 f.
Ölanwendung gegen das Altern 21
Schmerzlinderndes Öl 87
Schmerzlindernder Tee bei Halsentzündung 81 f.
Shiva-Mantra, Mahamritanjaya 13
Triphala-Kur zur inneren Reinigung 62 f.
Verhalten im Sommer 53 ff.
Verhalten im Winter 52 f.
Verjüngungstee 63 ff.
Verstopfung, Maßnahmen gegen 82
Weizenmilch zur Stärkung des Immunsystems 66 f.
Yogaübung zur Vorbereitung auf den Tod 102 ff.
Zitronen-Ajwain bei Magenproblemen 79 f.
Zitronen-Ajwain gegen Kater 80

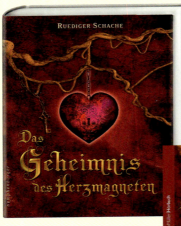

Ruediger Schache
Das Geheimnis des Herzmagneten

Das Herz ist wie ein Magnet – entdecken Sie das Geheimnis der Anziehung.

208 Seiten
ISBN 978-3-485-01149-5

DAS HÖRBUCH:

4 CDs
ISBN 978-3-7844-4188-7

Ruediger Schache
Die 7 Schleier vor der Wahrheit

Wer die Wahrheit kennt, wird nie ohne Liebe sein!

200 Seiten
ISBN 978-3-485-01182-2

DAS HÖRBUCH:

4 CDs
ISBN 978-3-7844-4201-3

 nymphenburger   www.nymphenburger-verlag.de